Johannes Fiebig

Schneller als der Schatten

Die Zwillinge in uns allen

KÖNIGSFURT

Originalausgabe
1. Auflage April 1990

Copyright © Königsfurt Verlag
Bürger & Fiebig
Königsfurt 6
D-2371 Klein Königsförde
am Nord-Ostsee-Kanal
(Post Bredenbek)

Titelbild und Umschlaggestaltung:
Peter Weber, Wiebelskirchen

Abbildung der Tarot-Karten:
Rider Waite Tarot und Crowley Thoth Tarot-
Bezugsquellennachweis und Copyright
bei AG Müller, Neuhausen/Schweiz.
Ancien Tarot de Marseille-
Copyright bei Ets France Cartes – Grimaud, Paris.

Schreibarbeiten: Anke Senff, Mielkendorf bei Kiel

Gesamtherstellung: Clausen & Bosse, Leck
Printed in West Germany

ISBN 3-927808-03-2

Schneller als der Schatten
Die Zwillinge in uns allen

Diese neuartige Symbolkunde enthält die Aussagen von Astrologie, Tarot, Traumdeutung und Märchen über die Gestalt der »Zwillinge«. Damit sind nicht nur diejenigen besonders angesprochen, die im Zwillings-Monat Geburtstag haben (21.5.–21.6.). In jeder und in jedem steckt ein »Zwilling«: Ein unbekannter, scheinbar fremder Teil, aber auch die »bessere Hälfte« der eigenen Person, die auf Kontakt wartet.

Eins ist sicher: Die Begegnung wird spannend werden!

- *Astrologie:* Mit Merkur und Hermes ins Reich der Lüfte und der Gedanken/Geisterfahrer/Die Zwillinge als Doppelnatur/Sehnsucht nach dem Unbekannten.
- *Tarot:* Die Liebenden/Der Magier/Spannendes Denken/Licht und Schatten/Grenzüberschreitung.
- *Traumdeutung:* Neue Wege/Parfum/Doppelgänger/Verfolgungsträume/»Liebe, Tod und Teufel«.
- *Märchen:* Lust am Spiel/»Hase und Igel«/»Der goldene Vogel«/Schwäche für das Beste/Aufhebung von Instinkt und Intuition.

Der Autor Johannes Fiebig, Jahrgang 1953, ist vielen Leserinnen und Lesern durch seine Tarot-Bücher und Vortragsreisen bekannt. Der Autor, seines Zeichens Widder, hat u. a. Traumdeutung studiert und über Märchen veröffentlicht. Er lebt in Klein Königsförde, Schleswig-Holstein.

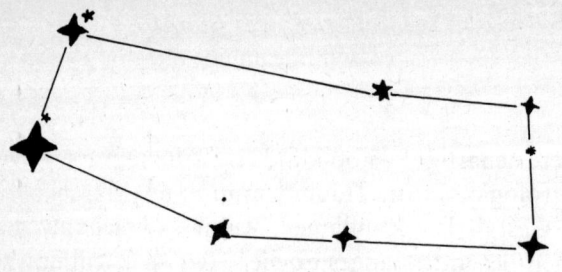

Sternbild Zwillinge
(Gemini)

Inhalt

Im Gedenken an
Maria Kraayvanger

»Denn wenn man was liebt,
was man eigentlich kaum bekommen kann,
was unerreichbar fern erscheint,
wird man ein Stück traurig.
Wird man ein Träumer.
Oder man wird ein Radikaler.
Oder
ein radikaler Verwirklicher seiner Träume.«

(Susanne Zühlke)

Anschnallen und abheben

Die Logik der Zwillinge

Astrologische Definitionen
der Tierkreiszeichen

Widder:	Ich bin.
Stier:	Ich habe.
Zwillinge:	*Ich denke.*
Krebs:	Ich fühle.
Löwe:	Ich will.
Jungfrau:	Ich analysiere.
Waage:	Ich gleiche aus.
Skorpion:	Ich begehre.
Schütze:	Ich sehe.
Steinbock:	Ich nutze.
Wassermann:	Ich weiß.
Fische:	Ich glaube.

Die Zeit der Zwillinge

Pfingsten, Zeit der Blüten, der Offenbarung, der Unmittelbarkeit. Feuer in der Luft. Himmelfahrt. Träume greifbar. Zeit der Begeisterung, der Streits und der Liebe.

ZauberZeit.

»Die Zwillinge« für Zwillinge

Stärken:
Rasches Denken und Handeln; Meister der Verständigung und der Verhandlung, flexibel, diplomatisch; sehen, hören und überhaupt erfahren vieles (mindestens) doppelt so schnell wie andere (gerade auch das, was sie nicht erfahren sollen); enorme Aufmerksamkeit und Reaktionsfähigkeit; blitzschnelle Gedanken, rasch wechselnde Denkmuster, starke Abstraktionskraft; große Fähigkeiten, etwas festzustellen, zu benennen und einzuordnen; gehen mit Ideen neugierig, lernbereit und erfinderisch um; redegewandt, sprachlich, schriftlich und künstlerisch ausdrucksstark; originell, oft brillant, nonkonformistisch, betonen den Unterschied, ihr Anders-Sein.

Schwächen:
Ambivalente Persönlichkeit, wollen vieles gleichzeitig und sind selbst gespalten; gehorchen der Laune des Augenblicks zu sehr oder gar nicht; Wissen beschränkt sich allzu oft auf Oberflächliches, wenig Weitblick; dabei ruhelos, auch schnell niedergeschlagen oder nervig.

Lösung:
Grenzüberschreitung zum Anderen innerhalb und außerhalb der eigenen Person. Anwendung der Geisteskräfte auf die individuelle Lebenswirklichkeit. Aus Gedanken werden Erkenntnisse, welche die persönliche Logik fruchtbar machen.

»Die Zwillinge« für Nicht-Zwillinge

Im Reich der Luft sind die Zwillinge zu Hause. Wie ein Schmetterling über eine bunte Frühlingswiese, so können sie über die Erde fliegen und sich ein Leben lang die Fähigkeit bewahren, voller Neugier lohnende Eindrücke und faszinierende Blüten zu entdecken. Die Zwillinge suchen die Vielfalt, und ihre Kunst, mit den verschiedensten Menschen und Ereignissen in Kontakt zu treten, schenkt ihnen eine abwechslungsreiche Spannung, die dazu beiträgt, daß sie – gleich in welchem Alter – eine jugendliche Keckheit nie ganz verlieren. Zwillinge lieben das Originelle und spielen in Theorie und Praxis ihre Möglichkeiten durch, nicht zuletzt um ihren persönlichen Charme und ihren Zauber immer wieder zur Geltung zu bringen.

Die Hochgeschwindigkeitsbewegungen vollziehen sich in ihrer Gedankenwelt. »Ich denke« lautet ihre astrologische Definition. Ihre Spezialität ist es dabei, sich von bestimmten Vorstellungsbildern unabhängig zu machen und wirklich zu denken, ohne sich willentlich Gedanken zu *machen*.

Welche Abenteuer und Auseinandersetzungen auf die Zwillinge bei ihren Hoch- und Tiefflügen warten, davon erfahren Sie mehr auf den folgenden Seiten. Soviel vorab: Mit den Zwillingen begegnen Sie dem Unfaßbaren. Es ist wie ein Lufthauch, manchmal wie ein Orkan, dann wieder wie Parfum und Blütenduft, erregend, auch beunruhigend, begeisternd – eine sprudelnde Überraschung.

Mittler zwischen den Welten

Astrologie für begeisterungsfähige Zwillinge

Bereits aus babylonischen Quellen ist das Sternbild der Zwillinge bekannt, und ihre quecksilbrige und und flitternde Gestalt ist bis heute eines der interessantesten Charakterbilder geblieben. Ein zentrales Merkmal ist die Unfaßbarkeit, und so sind die Zwillinge auch der Typus, der in keine Schublade paßt. Gerade indem sie sich bestehenden Definitionen widersetzen, entsprechend die Zwillinge aber doch den überlieferten Beschreibungen dieses Zeichens, die im übrigen etwa so lauten:

- originell
- neugierig
- denkerisch
- oberflächlich
- nervenschwach
- reflexstark
- flexibel und
- nonkonformistisch.

Wie die Astrologie zu diesen Beschreibungen kommt und was sie damit im einzelnen meint, dies wird deutlicher, wenn wir die Bausteine der astrologischen Typenbildung genauer betrachten:

- Die Vorherrschaft bestimmter Planeten
- Die Zugehörigkeit zu einem Element
- Die Stellung im Jahreskreis.

14

Für die Zwillinge ist das zugeordnete Element die Luft. Die Stellung im Jahreskreis ist der Platz Nr. 3, die Zeit der Blüte und des Abschlusses des Frühjahres. Die Zwillinge reichen bis an den Übergang vom Frühling zum Sommer heran, und dieser Wendepunkt ist die Zeit der hellsten Tage und der größten »Tiefe« im Jahreskreis. Der Planet, der zum Zeichen der Zwillinge gehört, ist Merkur.

Gute Freunde

Merkur, in der griechischen Götterwelt auch Hermes geheißen, ist in der antiken Mythologie der *Götterbote*. Er trägt Flügel an Kopf und Füßen und weist sich durch rasches Denken und Handeln aus. Dieses beschwingte Dasein – auf gut deutsch Swing und Drive – läßt die Zwillinge ein Leben lang nie völlig los. Freunde, Verwandte, Kollegen und Bekannte sind Lebensumkreis und Lebenselixier eines Zwillingsmenschen, weitaus mehr und selbstverständlicher als dies für andere Tierkreiszeichen der Fall ist. Die Zwillinge sind ideale Vermittler/innen und Berichterstatter/innen, und sie befinden sich in einer Art permanenter Konferenzschaltung. Das kommt ihnen im privaten wie im beruflichen Bereich zugute.

Selten sind Zwillinge ohne Freundinnen und Freunde. Und zu einer/m Zwilling *keine* Verbindung zu bekommen, ist schwer; allerdings muß man manchmal nach dem richtigen Anschluß und nach der passenden Frequenz suchen. Auf einem anderen Blatt steht, daß es den Zwillingen oft schwerfällt, mit sich allein und für sich selbst Freundin oder Freund zu sein. Oder es kommt vor, daß der Zwillings-Typus »Freunde« eben vornehmlich in der Mehrzahl kennt und daß er davor zuschreckt, *einem* Freund oder *einer* Freundin sich zu offenbaren und sich wirklich anzuvertrauen. Die Zwillinge sollten ihre Freundschaften von Zeit zu Zeit überdenken: Es soll da auch noch etwas anderes geben! Freundschaft kann die Basis für eine große Liebe sein, aber auch deren »cooler« Ersatz.

Kühle Gefühle und eine neugierige, zuweilen berechnende Distanziertheit werden den Zwillingen (in uns allen) tatsächlich häufiger zum Vorwurf gemacht, auch in der astrologischen Literatur. Sicherlich ist diese Seite bei den Zwillingen zu beachten. Dennoch müssen wir uns vor zu einfachen Beurteilungen hüten. Darin liegt ja eine bahnbrechende Einsicht der Zwillinge: *Wer eine Sache weiß, der/die weiß höchstens die Hälfte.* Eine Sache allein taugt nicht. Um die zwei und mehr Seiten einer jeden Einzelheit geht es.

Blühende Unterscheidungen

Merkur, der Götterbote, stellt nicht nur Verbindungen her, sondern, indem er auf Reisen geht, registriert er auch Abstände, Abweichungen und Unterschiede. Es liegt in unserer Zeit, daß der Bedarf an einer *neuen Einheit* sehr groß ist. Sei es auf der individuellen oder der staatlichen Ebene. Auf dem Hintergrund dieses Wunsches nach Einheit können Trennungen und Unterscheidungen wie ein scheinbares Hindernis oder wie Störfaktoren wirken. Doch umgekehrt wird ein Schuh daraus: Blühende Unterschiede erlauben stabile Vereinbarungen und in diesem Rahmen ein einheitliches Vorgehen. Nur verkannte oder unausgesprochene Unterschiede gefährden.

Der lebende Widerspruch

Die Gestalt eines Zwillingspaares ist ein treffendes Sinnbild für die merkwürdige Konstellation »Zwei ist Eins« und »Eins ist Zwei«. Stellen Sie sich Zwillingspaare, die Sie kennen, vor. Ist es nicht paradox? In dem, was sie besonders macht – nämlich in ihrer Geburt als Zwillinge, eben darin sind sie nicht allein, sondern immer zu zweit. Und wo sie sich als Einzelne bewähren und behaupten, dort verlieren sie ihre Besonderheit, die sie als Zwillinge auszeichnete.

Bedenken wir im weiteren, daß ein Zwillingspaar nicht allein durch Bluts-, sondern auch durch Schicksals- und Wahlverwandtschaft entstehen kann. Wer dieselbe Schulklasse besucht hat, hat z. B. ein Stück weit das gleiche Schicksal geteilt. Alle, die dem eine Bedeutung beimessen, sind sich insoweit Zwillinge. Der Freundeskreis, der Partner und die Partnerin, die eine/r sich auswählt, stellt ebenfalls eine Art der Zwillingssituation her. Bei diesen Schicksals- und Wahlverwandtschaften wiederholt sich aber das Paradoxe, welches schon die Lage der geborenen Zwillinge kennzeichnete: in dem, was eine solche Verwandtschaft besonders macht – nämlich Zugehörigkeit zu einer selben Klasse, Clique oder Partnerschaft, darin ist der/die Einzelne nicht allein, sondern Teil einer Vielzahl. Und wo er oder sie sich als Original, als Einzelwesen bewähren und behaupten will, da verliert er oder sie die Besonderheiten, u.a. auch den Schutz und die Identität, die die betreffende Gemeinschaft bisher bieten konnte.

Auf diesem Hintergrund wird verständlich, daß Distanziertheit nicht nur ein Laster, sondern auch eine Tugend der Zwillinge darstellen kann. Um sich überhaupt unterscheiden und die persönliche Individualität herausarbeiten zu können, muß der Zwillingsmensch sich u.a. von den Banden der Geburt und von der angeborenen Vergesellschaftung lösen. Wie mit dem kühlen, unberührten Abstandhalten haben die Zwillinge auch mit dem Gegenteil, mit einer Verschwisterung zu kämpfen, welche kaum Abstand und zuwenig menschlichen Respekt kennt. Die Distanzlosigkeit gehört zum Erscheinungsbild der Zwillinge genauso wie die fehlende Nähe. Dem überzogenen Ich-Denken stehen auf der anderen Seite Kumpanei, Vereinsmeierei und Vetternwirtschaft gegenüber. Nicht selten ergänzen sich dabei zuviel und zuwenig Unterscheidungsvermögen.

Im Himmel und auf Erden

In der griechisch-römischen Mythenwelt ist der Götterbote Merkur (oder Hermes) Bindeglied und Abstandsmesser zwischen allen nur denkbaren Lebewesen und dabei speziell auch zwischen den unsterblichen Göttern des Olymp und den sterblichen Erdenmenschen. Es ist verständlich, daß auch die Astronomie eben den Planeten Merkur nennt, der am nächsten an der Sonne sich befindet und am schnellsten seine Bahn zieht. Das »quicke« Temperament dieses Planeten, der zugleich der kleinste (von den großen), der heißeste und der schnellste Wandelstern unseres Sonnensystems ist, stand auch Pate, als das schnellbewegliche Quecksilber im Mittelalter den Namen »mercurium« (im Englischen auch heute »mercury«) erhielt.

Der Planet Merkur wendet der Sonne stets dieselbe Seite zu, genauso wie der Mond unserer Erde stets dasselbe Gesicht zeigt. Etwa eine Hälfte des Merkurs liegt ewig im Dunklen. Diese unbekannte Schattenseite können wir errechnen, erspüren oder uns am Modell vorstellen. Doch wir können sie nicht im üblichen Sinne wahrnehmen (solange jedenfalls die Raumfahrt noch keinen Zugang verschaffen hat). Dieser Sachverhalt besitzt eine wichtige symbolische Bedeutung:

Merkur als mythisch-astrologische Figur ist äußerst vielgestaltig, allein schon als Botschafter der Götter. Zu erwähnen ist zusätzlich noch sein Zweitberuf. Außer Herold der Götter ist er nämlich auch der Gott der Kaufleute (sowie Patron der Märkte und Handelswege), doch ebenso ein Gott der Diebe und Kuppler/innen. Merkur bringt stets auch sein Gegenteil, seinen Gegenpol mit. Die Zwillinge sind insofern ein Sinnbild für diesen integrierten Widerspruch. Doch heißt Kenntnis der Gegensätzlichkeiten noch nicht Kenntnis des Unbekannten. Daran soll uns stets die Schattenhälfte des Planeten Merkurs erinnern. Die Zwillinge können hochinteressante und dramatische Schauspiele zum Besten geben, in denen die vielen Figuren eines Merkurs und einer Zwillings-Persönlichkeit auf die Bühne treten. Im Hintergrund des Schaustücks aber bleibt das Unbekannte bestehen.

Interessant ist ebenfalls die astronomische Tatsache, daß Merkur von der Erde besonders schwer zu beobachten ist, weil er so nah an der Sonne steht. Selbst von

Kopernikus heißt es, er habe sich noch auf seinem Sterbebett darüber beklagt, daß er sein Leben lang nie den Merkur gesehen habe. Aus verschiedenen Gründen haben gerade Merkur und Venus den Astronom(inn)en bislang Schwierigkeiten bei der Beobachtung geboten. Astronomisch sind jedoch Merkur und Venus die einzigen großen Planeten zwischen Sonne und Erde. Astrologisch werden diese beiden daher als die Wirkkräfte verstanden, die »Himmel« und »Erde« verbinden bzw. unterscheiden. Um diese Bedeutung zu illustrieren, sind allein Merkur und Venus astrologisch jeweils einem Luft- *und* einem Erdzeichen zugeordnet (Merkur zu Zwillinge und Jungfrau; Venus zu Stier und Waage).

Merkur und Venus stehen in der Astrologie für die Übergänge zwischen »Oben« und »Unten«. Venus symbolisiert die Einheit und den Unterschied von Sinn und Sinnen. Und Merkur vertritt den inneren Widerspruch, die widersprüchliche Einheit der menschlichen Intelligenz, die ein Produkt der irdischen Natur und doch auch deren »himmlischen« Widerpart darstellt.

Wenn wir diese astrologischen Bedeutungen mit den erwähnten astronomischen Gegebenheiten im Zusammenhang sehen, so kommen wir zu dem bisherigen Resultat, daß gerade die Übergänge zwischen »Oben« und »Unten« Schwierigkeiten in der Beobachtung machen und daß die Intelligenz nur mit besonderer Anstrengung wahrzunehmen ist, weil sie so nah an der »Sonne« ist.

Im übrigen verweist die Astronomie auch auf einige wichtige Parallelen zwischen Merkur und Pluto, zwischen dem innersten und dem äußersten der uns bekannten Planeten. Merkur bedeutet astrologisch eben *Intelligenz* (Vernunft = Denkvermögen und Verstand = Begriffsfähigkeit), Pluto jedoch *Bewußtsein* (das sogenannte »höhere Selbst«). Wenn wir die astronomischen Ergebnisse wiederum auf die astrologischen Bedeutungen übertragen, dann zeigen sich damit bedeutsame Parallelen zwischen Denk- und Verstandesvermögen (Merkur) auf der einen und Bewußtseinskräften (Pluto) auf der anderen Seite. Die Schwierigkeiten, Merkur zu beobachten und den Übergang zwischen oben und unten (zwischen Sonne und Erde) zu erfassen, haben demnach eine inhaltliche Entsprechung in den Problemen, die äußersten Dinge (Pluto) wahrzunehmen.

Zwillinge heißt Doppelnatur

Astrologie und Astronomie zeigen verblüffende Analogien – auf der Basis, daß wir beide im übrigen als völlig unterschiedliche Wissensgebiete anerkennen. Die Astrologie löst nicht die Fragen der Astronomie und umgekehrt. Und dennoch ist es kein bloßer Zufall, sondern auch ein sinnvoller Zusammenhang, wenn wir in astronomischen Lehrbüchern lesen, der Merkur gehöre zu den schwierigsten Beobachtungsobjekten des Sonnensystems und wenn wir auf der anderen Seite durch die Astrologie erfahren, Merkur stelle ein Symbol der menschlichen Intelligenz dar. Wer kennt nicht die Versuche, Intelligenz zu testen und zu messen? Ein »Intelligenztest« nach dem anderen hat im Laufe der vergangenen Jahre an Zuverlässigkeit und Gültigkeit verloren; so daß auch von der psychologischen Seite her im Moment vor allem eins sicher ist: Die menschliche Intelligenz gehöre... zu den schwierigsten Beobachtungsobjekten unseres Sonnensystems.

Die Zwillingsnatur des Menschen ist seine doppelte Heimat »im Himmel und auf Erden«. Intelligenz und Natürlichkeit bilden das Zwillingspaar in jeder/m von uns. In allen möglichen Formen treten diese »beiden Punkte unter einem Dach« in Erscheinung. Die Zwillinge innerhalb einer Person können sich zu einer bewußten Selbstverständlichkeit ergänzen. Aber sie können sich auch bis zur Zerreißprobe blockieren oder gegenseitig aufhetzen.

Die Zwillinge besitzen ein doppeltes Zuhause in der Realität wie in der »Anderswelt«. Sie brauchen die doppelte Heimat für ihr Wohlergehen. Und sie müssen auch Verbindungswege kennen, um aus der einen wieder in die andere Herberge überwechseln zu können. In der Schlußpassage der »Unendlichen Geschichte« spricht Michael Ende diesen notwendigen Zusammenhang an: »Es gibt Menschen, die können nie nach Phantásien kommen, und es gibt Menschen, die können es, aber sie bleiben für immer dort. Und dann gibt es noch einige, die gehen nach Phantásien und kehren wieder zurück. So wie Du. Und die machen beide Welten gesund.«

Denken als Vergnügen und als Herausforderung

Den Weg in die Anderswelt oder vom Bekannten ins Unbekannte (und wieder zurück) können die Zwillinge über das Denkvermögen erreichen. Das *Denken* ist das typische Zwillings-Merkmal überhaupt. Die Beobachtungsschwierigkeiten etwa bei den Planeten am Himmel werden auf zwillingshafte Art durch Berechnungen und Kombinationen erschlossen. Ein Teil des angewandten Denkens ist die *Technik*, die in alte Ungewißheiten Einblick vermittelt. Die »andere Seite des Mondes« war z. B. für unsere Vorväter und Vormütter ein Begriff für das Unbewußte und das Unbekannte. Seitdem die Raumfahrt dahin fortgeschritten ist, *kennen* wir die andere Seite des Mondes aus Erfahrung (und auch der Begriff des Unbewußten ändert sich infolgedessen, vgl. S. 85 und 96).

Die Ambivalenz der Zwillinge, die sich durch die menschliche Intelligenz der Natur entgegen oder aber an deren Spitze stellen können, wiederholt sich sicherlich in den technischen Errungenschaften. Die Ungewißheiten nehmen durch die Technik nicht ab, sondern verlagern sich auf eine neue, kosmische Ebene. Ob es wirklich notwendig ist, daß die Menschen den Mond am Himmel persönlich betreten – ist zu fragen. Vielleicht haben die Menschen ganz andere Träume. »Mond« bedeutet astrologisch Seelenleben, Gefühl und die Macht der Bedürfnisse. Die »andere Seite des Mondes« sind demnach auch die unbekannten Wirklichkeiten der Seele, der Gefühle und der Bedürfnisse. *Deren* Befriedigung kommt durch die technische Erkundung des Erdtrabanten Mond eventuell keinen Schritt vorwärts oder erfährt sogar Rückschläge. Auf der anderen Seite macht die Betretung des Erdmondes durch erst einen und dann mehrere Menschen den Milliarden Menschen auf der Erde vielleicht eindringlicher klar, daß der Mond, das Reich der Nacht, der Träume und der Stimmungen, nicht mehr nur zur Fantasiewelt, sondern zu einer neuen, *erweiterten Realität* gehört – eindringlicher vielleicht, als dies psychologische oder gefühlvolle Erklärungen für sich allein vermöchten. Das Denken – darin liegt das besondere Vergnügen und die typische Herausforderung der Zwillinge – das Denken, wenn man es nur konsequent betreibt, schafft neue Realitäten.

Die Luft hat »es« in sich

Zwillinge, Waage und Wassermann sind die drei Luftzeichen der Astrologie. »Luft« ist insoweit ein symbolischer Ausdruck für den Atem, für den »Geist«, für die spezielle Atmosphäre der Erdkugel, die als Besonderheit den homo sapiens hervorgebracht hat und noch weiterhin entwickelt. Alle drei Luftzeichen zusammen bedeuten: Geist, geistige Energie, Bewußtheit, Vernunft, Aufmerksamkeit, Geistesgegenwart, Gedankenkraft u.a.m. Innerhalb des Luft-Elementes vertritt der Zwillings-Typus besonders das Denken, die Waage besonders die Vorstellungskraft und der Wassermann besonders das Wissen – drei verschiedene Aspekte der geistigen Existenz- und Erlebnisweise.

Die Vorstellung von den vier Grundelementen Feuer, Wasser, Luft und Erde ist mit der Astrologie vor Jahrtausenden entstanden. Weit über das Gebiet der Astrologie hinaus hat diese Vorstellung das abendländische Denken mitgeprägt. Wir treffen sie in den vier Jahreszeiten, den vier Himmelsrichtungen, den vier Temperamenten u.v.m. Teilweise haben die vier Elemente sogar universelle Bedeutung verlangt, wie im Kreuzzeichen oder dem mathematischen Koordinatensystem. Auf psychologischem Gebiet liegt den vier Elementen die Vorstellung zugrunde, daß die Kenntnis der vier Elemente hinreichend und notwendig ist, um Verhaltens- und Charaktertypen zu bestimmen. Die vier Elemente sind einer

Windrose vergleichbar. Sie erlauben es, bestimmte Merkmale auf der seelischen Landkarte zu »verorten«.

Zum Verständnis der vier Elemente trägt die Kenntnis des Einzelelements wie des Zusammenspiels aller vier Elemente bei (s. dazu den Kasten auf S. 26/27).

Innerhalb eines jeden Elements gibt es drei unterschiedliche »Härtegrade«:

• Ein kardinales oder beginnendes Zeichen.
Hier geht es um die Anfangsgründe und -schwierigkeiten der Qualitäten des betreffenden Elements. Wie in einem Keim ist hier alles enthalten, das heißt besonders dicht und direkt, zum Teil sehr feingliedrig, zum Teil wenig differenziert. Hier werden Grundsätze und Leitmotive ausgebildet.

• Ein mittleres oder festes, festigendes Zeichen.
Das sogenannte »fixe« Zeichen betrifft die Mitte, die Verbindungslinien und die Zusammenhänge der Qualitäten des betreffenden Elements. Wie in einem blühenden Gewächs ist hier alles enthalten. Die Anlagen und Entwicklungslinien sind sichtbar, ausgewachsen, wenn auch noch nicht unbedingt ausgereift. Hier werden Muster und Komplexe ausgebildet.

• Ein schließendes, veränderliches oder schlußfolgerndes Zeichen.
Dabei geht es um die Konsequenzen, die Extreme und die Zuspitzung der Qualitäten des betreffenden Elements. Wie in einer reifen Frucht ist hier alles enthalten. Stärken und Schwächen des Elements sind hier am deutlichsten zu unterscheiden, gehen hier jedoch auch

Die vier Elemente

Feuer

bedeutet Lebensfeuer, Lebensenergie, Begeisterung und Lebendigkeit. In der Natur sind es vor allem die Sonne, Feuer aller Art und Blitze, die in ihren verschiedenen Erscheinungs- und Wirkungsformen die Kraft des Elements Feuer zur Geltung bringen. Im menschlichen Verhalten verleihen besonders die *Daseinsfreude*, der *Wille* und die *Intuition* der Feuerkraft Ausdruck.

Weitere Merkmale des Elements Feuer: Lebenslust und Leidenschaft, Zeugungs-, Schaffens- und Gestaltungskraft, Einsatzbereitschaft und Macht, Durchsetzungsvermögen. Charakteristisch für das Element Feuer sind Entschlüsse und Taten. Schwierige Situationen (»Feuerproben«) werden gemeistert, indem man etwas tut: »*Es muß etwas geschehen.*«

Zum Element Feuer gehören die Tierkreiszeichen Widder, Löwe und Schütze.

Wasser

bedeutet Lebenselixier, Lebensfülle, Seele und Seligkeiten. In der Natur bringen der Mond sowie Gewässer jeder Art die Kraft des Elements Wasser zum Ausdruck. Im menschlichen Verhalten sind es vor allem das *Gefühlsleben* und die *persönlichen Bedürfnisse*.

Weitere Merkmale des Elements Wasser sind Mitgefühl, Eingebung, Träume, Stimmungen und das Unbewußte. Charakteristisch für das Element Wasser sind Offenheit und Hinnahme. Schwierige Situationen (»sich freischwimmen müssen«) werden gemeistert, indem man die Gefühle prüft: »*Auf die richtige Einstellung kommt es an.*«

Zum Element Wasser gehören die Tierkreiszeichen Krebs, Skorpion und Fische.

Luft

bedeutet menschliche Atmosphäre, Lebensgeister, geistige Energie und Gedankenwelt. In der Natur sind es der Luftraum und die Erdatmosphäre und im übrigen die Sterne (die durch die irdischen Luftschichten erst für uns funkeln), die die Kraft des Elements Luft in seinen verschiedenen Formen zur Geltung bringen. Im menschlichen Verhalten sind es besonders *Denken*, *Wissen* und *Vorstellungskraft*, Bewußtsein und Intelligenz, die dem Element Luft entsprechen.

Weitere Merkmale des Elements Luft: Geistesgegenwart und Gedankenkraft, Begriffe, Werte, Beurteilungen, ästhetische Maßstäbe und Mitteilungskünste. Charakteristisch für das Element Luft: Erkenntnisse und Entscheidungen. Schwierige Situationen (»harte Nüsse«) werden gemeistert, indem man die erforderlichen Lernprozesse bewältigt: »*Jetzt ist es klar.*«

Zum Element Luft gehören die Tierkreiszeichen Zwillinge, Waage und Wassermann.

Erde

bedeutet Materie, Stoff, körperliches Leben und Lebenszyklen, insgesamt die materiellen Lebensverhältnisse. In der Natur ist selbstredend die Erde, auf der und von der wir alle leben, Inbegriff der Erdkräfte. Gemeint ist dabei sowohl die Erdkugel als Ganzes wie auch die Erde im Sinne von »Muttererde«, Lehm, Sand, Stein usw. Im menschlichen Verhalten drücken sich die Kräfte des Elements Erde vor allem in *körperlichen Empfindungen*, *Wahrnehmungen* und *Ahnungen* aus.

Weitere Merkmale des Elements Erde: Praktische Fähigkeiten, angewandte Talente, genutzte Chancen. Lebensunterhalt, Lebenserhaltung, Betroffenheit, Fruchtbarkeit, Wachstumskräfte und Natürlichkeit. Charakteristisch für das Element Erde sind Produkte – Ergebnisse, Fakten und Definitionen. Schwierige Situationen (»Belastungstests«) werden gemeistert, indem man für etwas eine feste Form schafft: »*So kann es bleiben; so soll es jetzt sein.*«

Zum Element Erde gehören die Tierkreiszeichen Stier, Jungfrau und Steinbock.

am ehesten einen faulen Kompromiß ein. Hier werden Horizonte und Glaubenssätze ausgebildet.

Anzumerken bleibt, daß die drei Stufen oder Phasen eines Elements in der Wertigkeit oder unter den Gesichtspunkten von Vor- und Nachteilen einander gleich sind. (Wie auch die zwölf Tierkreiszeichen: Sie unterscheiden sich in ihren Inhalten, Bedeutungen und Botschaften. Aber keines der zwölf Zeichen ist besser oder schlechter als ein anderes.) Im Element Luft ist

- Waage – das kardinale Zeichen,
- Wassermann – das mittlere oder feste Zeichen und
- Zwillinge – das schließende oder veränderliche Zeichen.

Das bedeutet: Innerhalb des Luftraumes oder Luftbereiches ist die Waage tendenziell der Pionier, der Testpilot oder der Versuchsballon. Der Wassermann ist gleichsam der Flugkapitän, der Albatros, der Adler, das Luftschiff. Zwillinge berühren tendenziell die Grenzen des Luftraumes, wie in einer »Odyssee im Weltraum«, die »völlig losgelöst« zu erdverlorenen Sternen flippt, oder in einer die Transformation des Denkens, die dann ansteht, wenn ein Denken sich selbst begreift und über sich hinausgeht.

Vom Element Luft leiten sich weitere klassische Zuordnungen auch für das Tierkreiszeichen Zwillinge ab. Alles, was mit dem Atem, mit Luftholen, der Sauerstoffversorgung, der Belüftung usw. zu tun hat, ist – wie naheliegt – dem Element Luft zugeordnet. Wenn eine Person zum Beispiel Atemnot verspürt oder umgekehrt gut durchatmen kann, dann besteht in aller Regel ein Zusammenhang damit, wie diese Person auch im übertragenen Sinne die »Luft-Qualitäten« an sich selbst und in ihrer Umgebung erlebt. Alle Stärken und Schwächen des Atemsystems können bei jeder und jedem von uns ein Spiegelbild dafür sein, wie wir es mit dem Element Luft – und das heißt auch: mit Denken, Wissen und Vorstellungskraft – für uns selbst halten.

Interessant ist in diesem Zusammenhang die Thematik von Luftverschmutzung und Smog. Diese bedeuten u. a., daß Luft und Luftraum, die die längste Zeit der Menschengeschichte relativ wenig benutzt wurden, heutzutage massenhaft frequentiert und dabei u. a. mit Schlacken und Schadstoffen belastet werden, die als solche oder in ihrem Ausmaß neu sind. Wir sollten das Augenmerk einerseits auf die Abfallstoffe richten, um die Gefahren in der Luft zu minimieren. Darüber darf jedoch nicht vergessen werden, daß die Zukunftsfrage in der sinnvollen und vergnüglichen Nutzung des irdischen Luftraumes besteht. Das gilt auf der tatsächlichen wie auf der symbolischen Ebene, und in diesem Punkt ist ein noch größeres Problem als die Verschmutzung die völlige Beispiellosigkeit, mit der wir uns heute des Luftreiches bedienen dürfen und müssen.

Der Smog stellt als Sinnbild u. a. dar, daß eine gewohnte Existenzweise ihren Horizont verliert. Also brauchen wir Starthilfen und Katalysatoren auch für ein verändertes Weltbild, das neue Horizonte eröffnet.

Das Reich der Geister und des Geistes

Die Luft ist geistreich – und geister-reich! Hatten wir uns nicht bereits an die Vorstellung gewöhnt, die Zeit der Geister und Gespenster sei vorbei? Der Glaube an Spuk, an umherfliegende Engel, an heimliche Teufel usw. hat tatsächlich an Einfluß verloren, und das ist gut so. Aber wir erleben seit einigen Jahren auch eine scheinbare Wiederbelebung der Geisterwelten. In einem Teil des esoterischen Bereiches sind »Engel« und andere »Lichtwesen« zu einer vorübergehenden Mode geworden. Kinder und Jugendliche spielen ghostbusters, die »fröhliche Geisterjagd«, und lassen sich von gespensterhaften Kobolden faszinieren. Der »Zeitgeist« beflügelt kritische Intellektuelle, die sich auf »Zeitgeistreisen« begeben wie andere auf einen Abenteuerurlaub. Während in einem Teil der spirituellen Szene »Geistheilerinnen« und »Geistheiler« populär sind, lassen sich nicht wenige Wirtschaftsmanager oder Spitzensportler ein Mentaltraining (d. h. ein Geisttraining) verabreichen. Was äußert sich in diesen und anderen Phänomenen? Ist es eine neue Be-geisterung? Leben alte Spukfantasien neu auf? Oder sind wir gar »von allen guten Geistern verlassen«?

Die Antwort ist scheinbar einfach, doch gewaltig: Wir erleben am Ende des 20. und im Übergang zum 21. Jahrhundert das Werden einer neuen Individualität. Eine *Massengesellschaft von Individuen* hat die Geschichte bisher noch nicht gekannt; heute steht sie auf der Tagesordnung. In der Vergangenheit waren es einige wenige Frauen und Männer – Eingeweihte, Wissenschaftler und »Künstlernaturen« – die selbständig *ihren Stern* suchten, ihn fanden und ihm folgten. Heute sind es viele, die die Chance (und die Last) verspüren, einen individuellen Lebensweg zu verfolgen.

Das Individuum steht aber auf schwachen Füßen. Es ist noch sehr jung. Die Erklärungen der Menschenrechte 1776 und 1789 waren die Geburtsfeiern des Individuums. Aber wer war damals nicht noch ausgeschlossen von diesen Menschenrechten – Frauen, Besitzlose und Arme, Indianer, Sklaven u. a. m.! Langsam ist das Individuum, als erweiterte Realität, nach 200 Jahren bei uns allen angekommen.

Wir erschließen derzeit den Luftraum und d. h. auch das Reich der Geister und des Geistes. Damit es nicht zu einer neuen Herrschaft von unbegriffenen, unpersönlichen Geistwesen kommt, damit also ein neuer Spuk uns erspart bleibt, ist die gedeihliche Fortentwicklung der persönlichen Individualität der Angelpunkt. Geister sind Zerfallsprodukte sowie Bildungsmomente des *einen* und geeinten Geistes, den ein Mensch besitzt, der sich in der Welt und im Universum selbst versteht. Der Verlust von alten Selbstverständlichkeiten und der Übergang zu neuen, persönlich geeigneten Selbst-Verständlichkeiten bringen vielfältige Geistesblitze, gedankliche Einbrüche und neue Begeisterungen mit sich – und auch »Geistbegegnungen« in der Weise, daß man unfaßbaren Wirklichkeiten gegenübertritt, die so ungewohnt sind wie ein neuentdeckter Stern!

Je mehr eine geistige Vielfalt nicht nur ein vorübergehendes und spielerisches brainstorming darstellt, sondern die alltägliche Geistesverfassung prägt, um so kreativer und »zauberhafter« wird der persönliche Alltag und – umso mehr wird die Individualität zur unverzichtbaren Bedingung. Individuum heißt aus dem Lateinischen »das Unteilbare«. Individualität ist die un-

31

teilbare Eigenart einer Person. Sie allein vermag auf eine persönliche und selbständige Art die Geister, die Gedanken und die Assoziationen – das persönliche Luftreich zu ordnen und zu einen.

Um das Eigene zu erkennen bedarf man jedoch des Anderen. Der Vergleich der eigenen Peson mit der und dem »Nächsten« läßt an Hand von Gemeinsamkeiten und Unterschieden das Eigene begreiflich werden. Deshalb ist die Stunde des Individuums auch die Stunde der Zwillinge in uns allen. Witzigerweise ist Individualität im Alleingang nicht möglich. Wir müssen viel von anderen verstehen, um das Individuelle davon abheben zu können. Vieles am »Du« ist ein Spiegel der eigenen Person, vieles am »Ich« ist ein Reflex von anderen. Robinson auf seiner Insel ist zum Beispiel eine Zwillings-Figur. Er braucht den Freitag, seine »andere Seite« oder die sogenannte »bessere Hälfte«. Indem er den Anderen erkennt, versteht er sich selbst.

Suche nach dem Unbekannten

Das Zeichen der Zwillinge reicht an das des Krebses heran. Krebs – mit dem Planeten Mond – steht für das Gefühlsleben, für das Subjektive und das Persönliche in der Beziehung von zwei (oder mehr) Menschen. (Jupiter und Neptun sind im Zeichen des Krebs erhöht, d. h. sie erreichen dort ihre Spitze. Neptun bedeutet u. a. Bewußtseinserweiterung, Hingabe und Glaubenskraft. Jupiter bezeichnet nicht zuletzt Großzügigkeit, Welterfahrenheit und Edelmut.) Der Zwillingstyp steckt – natürlich – in einer Doppelrolle: Er kann den Weg hin zu diesem folgenden Zeichen bahnen. Er kann den Gefühlen, dem Persönlichen, der vertrauensvollen Hingabe und der Weltoffenheit eine Brücke bauen. Andererseits kann er sich wie kaum ein anderer vor dem letzten Schritt hin zu den Gefühlsdingen und vor der Hingabe an sich und/oder an andere scheuen.

Die Zwillinge sind es gewohnt, die Menschen in ihrer Nähe zu untersuchen. Nicht selten richten Zwillings-Frauen und -Männer auch ihren Beruf danach. (Ärztin und Arzt, Detektiv/in und Reporter/in sind z. B. typische Zwillings-Berufe.) Durch Vergleich und Unterscheidung möchten sie dabei auch feststellen, wie es um sie selbst bestellt ist. Kaum ein anderes Tierkreiszeichen besitzt Kontakt zu so vielen und zu so verschiedenartigen Mitmenschen wie die Zwillinge. Solange sie sich nicht selbst den Spiegel vorhalten, sind die Zwillinge ihrer Umwelt aber auch besonders ausgeliefert. Abgrenzungsmarotten, »Allergien« u. a. können einen inneren Protest darstellen.

Die »Lösung«, die viele Zwillings-Menschen für sich gefunden haben, heißt Beziehungslosigkeit. Dieser Weg ist durchaus verständlich, wenn man weiß, wie sehr die Zwillinge in nächster Beziehungsnähe Leiden erfahren oder verursachen können. Das Problem der Beziehungslosigkeit besteht darin, daß man auf Dauer auch zu einem Teil der *eigenen* Person die Beziehungen einstellt.

Zu den merkwürdigsten Phänomenen im Umkreis der Zwillings-Symbolik gehören die *Geisterfahrer/innen* und die sogenannten »*Out-of-body*«*-Erlebnisse* (»Aus-dem-Körper«-Erfahrungen). Beide Erscheinungen dokumentieren eine momentane Persönlichkeitsspaltung als Ausdruck einer Beziehungslosigkeit zu einem Teil der eigenen Person.

Die Geisterfahrer/innen wissen in der Regel vorübergehend nicht, was sie tun. Ihr Handeln, ihre Motorik und ihr *Drive* verselbständigen sich. – Bei »Out-of-body«-Erlebnissen sieht eine Person ihren »Geist« den Körper verlassen und/oder in ihn wiederkehren, der »Geist« schwebt über dem Körper und betrachtet ihn gleichsam klinisch von außen. Diese Geistreisen aus und wieder in den Körper haben in der spirituellen Szene zeitweise große Furore gemacht und wurden mitunter als neuartige Offenbarungen gehandelt. Dies aber trifft nicht zu. Aus der Antike sind bereits Vorstellungen bekannt, daß Seele oder Geist im Schlaf oder beim Tode aus dem Körper schweben (oft in Gestalt eines Vogels oder eines Schmetterlings) und auch in den Körper wiederkehren. In den »Out-of-body«-Erlebnissen wiederholen sich antike Muster, und es offenbart sich vor allem ein uralter Dualismus von Körper und Geist. Diese Erfahrungen sind das passende Gegenstück der Geisterfahrten. Beim Geisterfahren automatisieren sich Körper, »Fahrgestell« und unbewußter Unterbau einer Person. Bei Geist-Schwebe-Zuständen verselbständigen sich Geist, »Lenkung« und bewußtseinsmäßiger Überbau.

Es kann *schön* sein, den Körper und das Unbewußte im Selbstlauf, ohne geistigen Kontrollzwang zu erleben. Es macht auch *Sinn*, die völlige Schwerelosigkeit des Geistes zu erfahren, sich dem Erlebnis zu eröffnen, wie der Geist ins Nächste und ins Unendliche fliegt, wie er in Windeseile und mit leuchtender Geschwindigkeit ein Universum durchquert. Schließlich kann es *heilsam* sein, den eigenen Körper und den eigenen Geist aus einer Distanz zu betrachten und festzustellen: Das gehört zu mir, aber das bin nicht »Ich«. *Ich* bin noch etwas anderes, das nicht allein mit dem Körper oder den Geistesflügen identisch ist.

Aber all dies funktioniert nur, wenn zugleich ein Begriff der Einheit vorhanden ist. Auf der anderen Seite nämlich ist der Geist auch nichts anderes als ein *Inbegriff des Körpers,* und der Körper in seiner Verfassung ist auch ein *Symbol des Geistes.*

Wenn der Geist schwebt, dann ist das *auch* ein Spiegelbild dafür, daß der Körper »in der Luft hängt«. Wenn der Körper daniederliegt, ist das *auch* ein Sinnbild dafür, daß der Geist »platt« ist.

Neben Bestätigung oder Warnung signalisieren Träume und andere Erfahrungen mit isolierten Körper- oder Geistesbewegungen vor allem aber eine *Annäherung* an diesen Teil der persönlichen Existenz. Es ist dann die Verheißung einer möglichen neuen Freundschaft mit einem noch ungekannten Ich oder einem unbekannten Du.

Ein anderer Ausdruck für die Phänomene der Geisterfahrten und der »Out-of-body«-Erlebnisse sind die *UFOs.* Die Begegnung mit »unbekannten Flugobjekten« war eine Mode in den 1950er Jahren und hat sich bis heute eine große Popularität erhalten. Das Erleben von UFOs und von Außerirdischen entspricht in der Bedeutung den Geisterfahrten (verselbständigte Motorik) und den Geist-Schwebe-Zuständen (unbegriffener Geist); es drückt aber – wie diese – auch eine Sehnsucht nach dem Unbekannten und nach dem »ganz Anderen« aus.

Dieses Unbekannte kennenzulernen, ist auf eine zugleich fantasievolle wie rationale Art auch Anliegen der Astrologie. Sterndeutung heißt für uns Zwillingswesen vor allem, Himmel und Erde einander näherzubringen, damit »Oben« und »Unten« Freunde werden.

Zauberhafte, verflixte Wirklichkeit

Tarot für fantasiebegabte Zwillings-Frauen und -Männer

Es gibt viele gute Gründe, zu den Tarot-Karten zu greifen. Freude an Fantasie und an Abenteuer, Selbstbeobachtung, Erlebnis des »Zufalls«, Spannung, esoterisches oder psychologisches Studium, Einweihung in geheimnisvolle Begebenheiten, Neugier, kulturelles und kulturgeschichtliches Interesse, die Frage nach der Zukunft und die Suche nach Leitbildern, Konfrontation mit dem »Schicksal«, Begegnung mit eigenen Sichtweisen und persönlichen Projektionen. Was ist Ihr Motiv?

Die Tarot-Karten stammen aus der Renaissance-Zeit und erleben in der heutigen Zeit selbst eine beispiellose Renaissance. Die Bilder auf den Tarot-Karten sind zum großen Teil wesentlich älter als die Karten selbst. Sie reichen bis in die Anfänge der abendländischen Kultur zurück. Wenn Sie die Tarot-Karten noch gar nicht kennen, dann bilden Sie sich auf den folgenden Seiten einen Eindruck, und probieren Sie das *praktische Kartenlegen* einmal aus.

Tarot-Kartenlegen

Sie können sich den Tarot-Karten, deren Bildern und Symbolen so nähern, wie Sie sich auch Träumen, (fantastischer) Kunst oder intellektuellen Rätseln nähern. Dazu gehört die Symboldeutung, aber auch der Mut, den Gefühlen und den manchmal unbekannten Wirklichkeiten der eigenen Person ins Auge schauen. Man beginnt am besten mit der »Tageskarte«. Morgens oder abends wird täglich oder doch einigermaßen häufig eine Karte gezogen – als Symbol, als Motivierung oder als besinnlicher Reflex des persönlichen Tagesgeschehens. Die Bedeutungen dieser Tageskarten sollen zunächst individuell und intuitiv erfaßt werden. Später können zusätzliche Interpretationen aus der Tarot-Literatur zu Rate gezogen werden. Zwei (der zahlreichen) Muster für das weitere Tarot-Kartenlegen:

| 2 | | 1 | | 3 |

1 – Aktuelle Situation
2 – Vergangenheit oder das, was schon da ist
3 – Zukunft oder das, was neu zu beachten ist.

	5	
2	1	3
	4	

1 – Schlüssel oder Hauptaspekt
2 – Vergangenheit oder das, was schon da ist
3 – Zukunft oder das, was neu zu beachten ist
4 – Wurzel oder Basis
5 – Krone oder Chancen

Zum praktischen Vorgehen:
• Benutzen Sie alle 78 Karten eines Tarot-Spiels. Die Sitte, nur 22 Karten zu verwenden, stammt aus der Zeit von vor 1910, als für nur 22 Karten (die sog.

Großen Arkana) Bilder existierten. Heute ist die generelle Beschränkung nicht mehr sinnvoll.

- Überlegen Sie sich Ihre Frage, die Sie nun an die Tarot-Karten richten möchten. Für die Art der Frage gibt es keine zwingenden Ge- und Verbote.

- Wichtig ist zu wissen: Die Karten wirken wie ein Spiegel. Sie können Fragen über zweite und dritte Personen stellen. Die Antwort der Karten schließt dabei stets Ihr Verständnis und Ihr Verhältnis zu diesen Personen mit ein. Wenn Sie Fragen über andere Personen stellen, sind dennoch auch Sie selbst mit im Spiel.

- Mischen Sie die Karten, wie Sie es gewohnt sind. Alle verpflichtenden Vorschriften (Kartenziehen mit links; Mischen durch Rühren auf dem Tisch usw.) sind Humbug. Nichts gegen ein persönliches Ritual. Aber keine verpflichtenden Vorschriften.

- Legen Sie nach einem Legemuster aus, das Sie zuvor ausgewählt haben. Sie können dazu Legemuster aus der Literatur benutzen, aber auch eigene entwerfen (vor einer Kartenbefragung).

- Ziehen Sie die Karten, wie Sie es gewohnt sind. Legen Sie sie verdeckt in Form des Legemusters vor sich hin.

- Die Karten werden dann (im Normalfall) einzeln aufgedeckt. Erst wenn die Betrachtung und Interpretation einer Karte beendet ist, soll die nächste aufgedeckt werden.

- Alles, was während einer Kartenbefragung geschieht, kann zum Inhalt der gesuchten Antwort gehören.

- Die Antwort auf diese Frage geben alle Karten einer Auslage zusammen.

Eine Auslage, die sich besonders für »Zwillinge« bewährt, hat:

Auslage »*Hexentarot*«

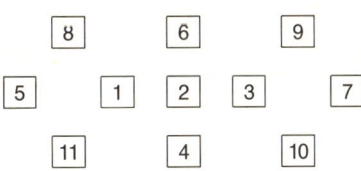

1 – Signifikator, Thema der Frage, Du selbst
2 – Unmittelbare Ergänzung zu 1
3 – Gegensatz oder Ergänzung zu 1 und 2
     (Die drei ersten Karten geben eine erste zentrale
     Antwort oder Mitteilung.)
4 – Gegenwärtige Situation, Ausgangssituation der
     Frage
5 – Wurzel, Vergangenheit, Basis, woher die Frage
     stammt
6 – Unmittelbare Zukunft, nächste Aussichten
7 – Ausblick, weitere Entwicklung
     (Zwischenbilanz: Welche Antwort oder Mitteilung geben die ersten sieben Karten?)
8 – Deine innere Kraft, Deine Tiefe, das Unbewußte
9 – Hoffnungen und Ängste zum Thema der Frage
10 – Umgebung, Einflüsse von außen
11 – Resume oder ein Faktor, auf den Du besonders
     aufmerksam gemacht wirst, der bereits vorhanden ist und der für Deine Frage besondere Bedeutung gewinnen wird.

Tarot und Tierkreiszeichen

Widder: IV-Der Herrscher, XVI-Der Turm, Königin der Stäbe, Stab 2, Stab 3, Stab 4

Stier: V-Der Hierophant, III-Die Herrscherin/Die Kaiserin, König der Münzen (Prinz der Scheiben), Münzen (Scheiben) 5, 6 und 7

Zwillinge: *VI-Die Liebenden, I-Der Magier, Ritter der Schwerter, Schwert 8, Schwert 9, Schwert 10*

Krebs: VII-Der Wagen, II-Die Hohepriesterin, Königin der Kelche, Kelch 2, Kelch 3, Kelch 4

Löwe: VIII-Kraft (= XI-Kraft/Lust), XIX-Die Sonne, König (Prinz) der Stäbe, Stab 5, Stab 6, Stab 7

Jungfrau: IX-Der Eremit, I-Der Magier, Ritter der Münzen (Scheiben), Münzen (Scheiben) 8, 9 und 10

Waage: XI-Gerechtigkeit (= VIII-Gerechtigkeit/Ausgleichung), III-Die Herrscherin, Königin der Schwerter, Schwert 2, Schwert 3, Schwert 4

Skorpion: XIII-Tod, XX-Gericht (= XX-Äon), König (Prinz) der Kelche, Kelch 5, Kelch 6, Kelch 7

Schütze: XIV-Mäßigkeit, X-Rad des Schicksals, Ritter der Stäbe, Stab 8, Stab 9, Stab 10

Steinbock: XV-Der Teufel, XXI-Die Welt/Das Universum, Königin der Münzen (Scheiben), Münzen (Scheiben) 2, 3 und 4

Wassermann: XVII-Der Stern, 0-Der Narr, König (Prinz) der Schwerter, Schwert 5, Schwert 6, Schwert 7

Fische: XVIII-Der Mond, XII-Der Gehängte, Ritter der Kelche, Kelch 8, Kelch 9, Kelch 10

Nach einer seit etwa hundert Jahren bewährten Methode (Näheres dazu in der Anmerkung) zählen zu jedem Tierkreiszeichen sechs Tarot-Karten, welche gemeinsam *ein* typisches Bild für das betreffende Zeichen abgeben. Diese sechs Karten lauten für das Zeichen der Zwillinge:

- VI – Die Liebenden
- I – Der Magier
- Ritter der Schwerter
- Schwert 8
- Schwert 9
- Schwert 10.

Sie sehen diese Kartenbilder in der Darstellung des Rider-Waite-Tarot (S. 44), des Crowley-Tarot (S. 46) und des »Ancien Tarot de Marseille« (S. 48). Weltweit gibt es derzeit über 300 verschiedene Sorten Tarot-Karten. Davon sind diese drei Spiele mit Abstand die bekanntesten. Die Art der Darstellung unterscheidet sich von einem Tarot-Spiel zum anderen bisweilen erheblich. Gemeinsam haben die verschiedenartigen Bildgestaltungen jeweils einen oder mehrere thematische Bezugspunkte. Sie verkörpern auf unterschiedliche Weise eine selbe Situation. Nur der Zugang erfolgt von verschiedenen Richtungen aus.

Wenn Ihnen Tarot-Karten zur Verfügung stehen, nehmen Sie diese bei der Lektüre der folgenden Seiten zur Hand.

Rider-Tarot

*Das Rider-Tarot wurde von Pamela Colman Smith
und Arthur E. Waite entwickelt und erschien 1910 im
Londoner Verlag Rider.
Abbildungen: VI – Die Liebenden und I – Der Magier*

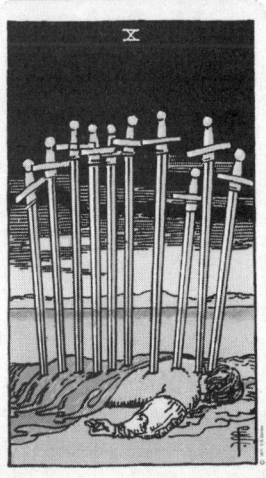

Abbildungen: Ritter der Schwerter – Schwert 8 – Schwert 9 – Schwert 10

Crowley-Tarot

Lady Frieda Harris und Aleister Crowley stellten dieses Tarot-Spiel 1943 fertig. Auf gedruckten Karten erschien es zuerst 1969 in den USA.
Abbildungen: VI – Die Liebenden und I – Der Magier

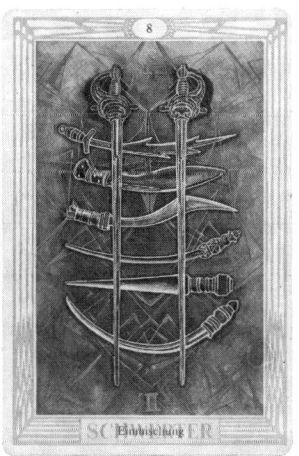

*Abbildungen: Ritter der Schwerter – Schwert 8 –
Schwert 9 – Schwert 10*

Marseiller Tarot

Die hier abgebildete Ausgabe des »Ancien Tarot de Marseille« wurde, auf der Basis älterer Vorlagen, 1930 in Paris veröffentlicht.
Abbildungen: VI – Die Liebenden und I – Der Magier

Abbildungen: Ritter der Schwerter – Schwert 8 –
Schwert 9 – Schwert 10

Das alte und das neue Paradies

 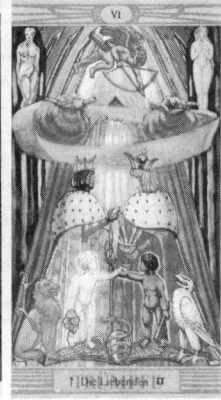 

Abbildungen: Karte VI – Die Liebenden
Rider-, Crowley- und Marseiller Tarot (v.l.n.r.)

Beginnen Sie mit einer ausführlichen Betrachtung der Kartenbilder. Was fällt Ihnen an den Karten auf? An welche Ereignisse und Vorstellungen erinnern sie Sie? Was bedeuten die Karten für Sie? Welche Botschaften sehen Sie darin? Was werden Sie mit dieser Botschaft machen?

Die traditionelle Tarot-Deutung hat zunächst eine Entscheidungssituation im Bild der »Liebenden« gesehen. Diese zeigt auch das Bild aus dem Marseiller Tarot. (Die abgebildeten Karten des Ancien Tarot de Marseille wurden zuerst 1930, in Paris, veröffentlicht; sie geben jedoch, im ganzen zuverlässig, alte Tarot-Bilder wieder, die bis ins Jahr 1500 zurückreichen, als das Marseiller Tarot seinen Anfang nahm.) Hier steht also »Paris am Scheideweg«, der Jüngling oder der Mann zwischen zwei Frauen. Die Kommentatoren haben darin vornehmlich die Wahl der männlichen Gestalt zwischen seiner Mutter und seiner Frau oder zwischen Tugend und Laster gesehen. Manche Deuter/innen haben der Karte daher auch den Titel »Die Entscheidung« gegeben – eine Bezeichnung, die wir heute noch benutzen können. Denn oft geht es, wenn diese Karte gezogen wird, um konkrete Alternativen.

Zu beachten ist freilich, daß die Entscheidungsszene des Marseiller Bildes *mehrfache* Entscheidungen darstellt. Der Mann wählt nicht nur zwischen den beiden Frauen, sondern auch zwischen oben und unten. Er hat auch eine Wahl z. B. zwischen einem Dasein als kindlich-engelhafter Überflieger oder als erwachsener Mann. Wer sagt ferner, daß nur der Mann im Bild der entscheidende ist? Jede der beiden Frauenfiguren wie auch der Amor treffen zur gleichen Zeit ihre höchst eigenen Entscheidungen. Was aber bedeuten diese Entscheidungen? Müssen die Alternativen sich ausschließen? Die eine *oder* die andere Frau? Himmlisches *oder* irdisches Dasein? Dem Betrachter und der Betrachterin des Bildes steht es frei, sich mit *jeder* der vier Gestalten zu identifizieren – und auch, sich selbst als *Schnittpunkt* der unterschiedlichen Interessen aller vier Charaktere zu verstehen.

Der Begriff der »Entscheidung«, um welche es bei dieser Station der Tarot-Symbolik geht, hat sich also im Laufe der Zeit erweitert. Dennoch mag es auch befremdlich erscheinen, daß zum Thema Liebe Entscheidungsfragen derart in den Vordergrund rücken. Neben dem Fordernden und Zuspitzenden gehört zu einer Entscheidung wie zur Liebe jedoch auch das Gewährende und die Nichteinmischung. – Das Bild aus dem Rider-

Tarot (eine Neuschöpfung aus dem Jahre 1909/10) stellt eine Weiterentwicklung der traditionellen Symbolik dar. Hier ist ein Berg zu sehen, auf dem zwei verschiedene Wege hinaufführen, der männliche und der weibliche, der Weg vom Baum der Erkenntnis (mit Äpfeln und Schlange, links im Bild für die/den Betrachter/in) oder vom Baum des Lebens aus.

Das Rider-Bild zeigt eine Paradiessituation. Wieder ist viel daran gelegen, diese »Paradies«-Vorstellung zu betrachten und sie für sich persönlich auszumalen. Was fällt Ihnen zu »Paradies« ein? Wann haben Sie sich zuletzt »wie im Paradies« gefühlt? Wo finden Sie Ihr Paradies heute und morgen? – Gehen Sie in Ihrer Fantasie in das Bild hinein und stellen Sie sich Ihr Paradies vor. Da sind Sie und Ihr Partner oder Ihre Partnerin. Oder Sie begegnen hier Ihrer männlichen und Ihrer weiblichen Ausprägung (und allgemeiner: zwei *grundverschiedenen* Seiten Ihrer Person). Von verschiedenen Polen aus können diese Gestalten nun den Berg in der Mitte erklettern, wo sie sich auf demselben Gipfel treffen und »mit Engeln reden« können. Der Engel – üblicherweise als Erzengel Raphael und als Herrscher der Lüfte interpretiert – stellt die Ekstase der beiden Liebenden dar. Er bedeutet ihre Verbindung zur Sonne, ihren gemeinsamen Bezugspunkt, ihre Einheit auf einer höheren Ebene und die »höhere Warte«, von der aus die Unterschiede zwischen Partnerin und Partner voll überblickt und erfaßt werden können. Er verkörpert die beflügelte Lebenskraft, die aus einer erwachsenen, »genitalen« Sexualität und einer leidenschaftlichen Erkenntnis erwächst.

Ein Engel stellt in der Tradition einen Boten oder eine Botschaft Gottes dar. Insofern wiederholt sich im Bild der Liebenden auch die Merkur/Hermes-Legende. Dem Raphael im Rider-Bild entsprechen die kleinen Amor-Figuren in den beiden anderen Bildern, im Crowley-Tarot zusätzlich noch die große, im übrigen unkenntliche Geistergestalt, die ihre Hände erhoben hat. Nun gibt das Rider-Bild besonders deutlich zu erkennen: Der Engel stellt eine Verbindung zwischen den »Liebenden« auf der Erde und der Sonne dar – *zugleich aber auch eine Trennung, eine Abschirmung zwischen Erde und Sonne.*

Der Engel im Bild, als Herrscher der Lüfte, steht für die Luft und für die Erdatmosphäre, welche die Menschen auf der Erde mit dem Himmel verbindet und sie zugleich vor schädlichen Strahlungen v. a. der Sonne schützt. Die aktuelle Diskussion über die Gefahren des »Ozonlochs« hat demnach – neben allen anderen notwendigen Konsequenzen – auch eine *symbolische Bedeutung.* Allgemein bedeutet die Entdeckung des Ozonlochs *auch* (natürlich nicht allein, aber auch) die Feststellung von Lücken im Element »Luft«, und dieses wiederum bedeutet symbolisch ja Denken, Wissen, Vorstellungskraft, geistige Energie und Bewußtheit. Da beim Ozonloch besonders die Abschirmungskraft der Atmosphäre gegenüber der Sonne gefährdet ist, bedeutet dies auf der Symbolebene zusätzlich, daß die Kraft des menschlichen Geistes, sinnvolle Gestaltungen zu unserem Schutz auszubilden und zu erhalten, in Gefahr gerät. Solche hilfreichen und schützenden Gestaltungen der Geisteskraft sind zum Beispiel: geeignete Ansprüche; einheitliche Bezugspunkte, welche unterschiedliche Ansätze vereinen; eine »höhere Warte«, welche Unterschiede sowohl integriert wie auch vollends sichtbar macht usw. – mit einem Wort: Was in den Bildern der Karte »Die Liebenden« der Engel symbolisiert, dies steht in Gefahr. Eine Vergrößerung des Ozonlochs würde, auf das Tarot-Bild übertragen, darauf hinauslaufen, den Engel *ersatzlos* zu streichen. Von daher ist es als eine Gegenbewegung zu verstehen, wenn parallel zur Entdeckung des Ozonlochs, wie bereits angesprochen, in Teilen der (westlichen) Welt eine Renaissance von Engeln zu beobachten ist. (Während der Arbeit an diesem Text weilte der Verfasser zum Beispiel in einer westeuro-päischen Metropole, in welcher ein »Engel Albert« gerade viel Staub aufwirbelte, allerdings durch das unverschämte Finanzgebaren seiner »Jünger« auch rasch in Mißkredit geriet.)

Die Zeit der wirklichen Engel ist vorbei, weil die Menschen inzwischen selber fliegen können. In der Ekstase, im Flugzeug, in der Fantasie und in der Realität. Denn wir machen uns das Reich der Lüfte zu eigen. Damit das gedeihlich vor sich geht, ist es aber zu vermeiden, die Engel ersatzlos zu streichen. Es bedarf neuer Formen der Verbindung und der Abschirmung zur »Sonne« und zum Kosmos. Neben neuen Formen des *Glaubens* gehört dazu ein tauglicher, geistiger »Überbau«: Trainierte Geistesgaben, konsequentes Denken, angewandte Fantasie, Wissen von großer Spannweite – ein beflügelter Verstand. Dies alles sind Merkmale der Zwillinge in uns – Qualitäten, welche die Zwillinge besser zu beherrschen vermögen, aber auch besser beherrschen *lernen* müssen als jedes andere Tierkreiszeichen.

Eine Aufgabe, die sich den Zwillingen stellt, lautet also, sich auch in »dünner« Luft zurechtzufinden und den notwendigen Schutzmantel einer menschlichen Atmosphäre nicht preiszugeben. Eine andere Aufgabe besteht andererseits darin, sich auch in »dicker« Luft zu orientieren und den notwendigen Durchblick zu bewahren. Betrachten Sie noch einmal das Rider-Bild. Der Engel ist so gezeichnet, daß er vollkommen *zwischen* den menschlichen Figuren und der Sonne schwebt. Wenn der Engel nun eine dichte Wolke ist (was das Bild ja *auch* andeutet), dann finden sich die Menschen unter einem bedeckten Himmel, und je grauer und undurchlässiger die Wolkendecke ist, umso mehr stehen sie tatsächlich im »*Schatten*«.

Dieser Schatten bedeutet psychologisch einen Teil des Unbewußten – Verdrängtes oder Unbekanntes. Begriffe der Umgangsprache führen ebenso zum Verständnis dieses Schattens, wenn wir zum Beispiel vom »Schatten der Vergangenheit« oder von den Schatten der Zukunft sprechen (»große Ereignisse werfen ihre Schatten voraus«). Es ist immer wieder verblüffend, daß dieser Schatten nicht nur zu den schwarzen oder finsteren Tarotkarten wie »XV – Der Teufel« (in diesem Buch nicht abgebildet) oder »Schwert 9« gehört. Er ist auch *in* diesem Bild enthalten, das auf den ersten Blick meist nur als heiter und angenehm empfunden wird. Daß es bei diesem Bild *schwieriger* erscheint, die Schattenseiten zu erkennen, dieser Umstand hat seine besondere Bedeutung.

Die Karte »Die Liebenden« entspricht solchen Situationen im Alltag, die paradiesisch oder idyllisch wirken, in denen jedoch »wie aus heiterem Himmel« Angst, Panik oder Unwohlsein hervorbrechen. Tatsächlich kommen diese Empfindungen nicht von ungefähr. Sie waren in der betreffenden Situation bereits enthalten, wie der Engel im Tarot-Bild. Der Engel kann der Quälgeist oder Plagegeist sein, der auf einer Beziehung oder Begegnung lastet. Er kann als dichte Wolke (als »dicke Luft« mit

»Treibhauseffekt«) aufgesetzte Ansprüche, unklare Gedanken, unverarbeitete Fantasien und ein ungenutztes bzw. unverstandenes Wissen bedeuten (»Grau, lieber Freund, ist alle Theorie«). Der Engel stellt insoweit ein belastendes »Über-Ich« dar und sollte in dieser Beziehung aufgelöst bzw. durchsichtig gemacht werden.

Auf der einen Seite muß die Engelsgestalt aufgebaut werden, wollen Vorstellungen von Liebe und vom Paradies gehegt und gepflegt werden. Sie kultivieren mit der Geisteswelt die menschliche Atmosphäre. Andererseits muß die Engelsgestalt auch abgetragen werden, sollen die Vorstellungen von einer Sache, Vorstellungen über einen Menschen durchlässig werden – für den Menschen oder die Sache selbst, die immer etwas anderes sind oder sein können als die Vorstellungen, die man sich darüber macht. Von dieser Betrachtung her erklärt sich auch, warum bei dieser Karte »Entscheidung« (und Unterscheidung) sowie »Paradies« sich begegnen, weshalb Liebe und Erkenntnis hier zusammenwachsen können. Man muß einen Menschen oder auch einen Sachverhalt sehr lieben, um ihn ganz zu erkennen. Und erst wenn man ihn erkannt hat, liebt man auch den/die Andere/n. Denn ohne Erkenntnis des Anderen liebt man an ihm nur das Eigene.

Im Umgang mit den Tarot-Karten kann sich für die Zwillinge etwas von dieser Prozedur der liebevollen Erkenntnis widerspiegeln. Einesteils sind die Zwillinge gute Denker, aber schlechte Fantasiemenschen. Die Fantasie gehört vom Typus her zum Tierkreiszeichen Waage. Dieses stellt zwar das kardinale Zeichen, also den Beginn oder den Keim des gesamten Luftelementes dar, aber im Jahreskreis betritt die Waage erst *nach* den Zwillingen die Bühne (4 Monate später). Fantasie, d.h.

Vorstellungs- und Imaginationskraft sind den Zwillingen daher zunächst fremd oder unbekannt. Tarot bietet sich hier als ein Mittel an, die persönliche Fantasie wirksam zu beflügeln. Auf der anderen Seite ist die *Vorstellungslosigkeit* eben eine wesentliche Stärke der Zwillinge, die sie sich bewahren und wieder und wieder erwerben sollten. Die Vieldeutigkeit jeder Tarot-Karte hilft dabei, sich von zu engen Gedankenvorstellungen freizumachen. Für die Vorstellungslosigkeit steht auch die Nacktheit der Gestalten im Rider- und im Crowley-Bild. Sie kann Schamlosigkeit und Unverschämtheit bedeuten. Sie kann aber auch klare Verhältnisse darstellen sowie eine Verwirklichung von Offenheit und Ehrlichkeit.

Das alte Paradies ist die unterschiedslose Einheit. Immer wieder gehen unbefragte Eindeutigkeiten verloren, verschwinden aufs neue »Urzustände«, die nur deshalb bis dato selbstverständlich waren, weil niemand eine Alternative in Erwägung gezogen hatte. Das neue Paradies aber entsteht aus der *Aufhebung der Unterschiede*, was ein Mehrfaches bedeutet: Bewahrung, Beendigung und Erhöhung (Ausreifung) der Unterschiede. Ein Zen-Spruch erklärt dies mit schönen Worten, die auch gut zum Bild der (Rider-) Tarot-Karte passen:

»Für einen, der nicht versteht, sind Berge Berge.
Für einen, der zu verstehen beginnt, sind Berge nicht mehr Berge.
Für einen, der versteht, sind Berge wieder Berge.«
Zwischen den »Bergen« und den Bergen, die »wieder Berge« sind, besteht ein himmelweiter Unterschied: Das alte Paradies fürchtet jeden Fortschritt der Erkenntnis *und der Liebe*, weil dadurch die bestehende Einheit in Frage gestellt wird. Das wiedergewonnene

Paradies hat Klarheit und Erneuerung, eine Weiterentwicklung der Liebe zur Voraussetzung. Wer sich selbst
finden will, braucht auch den oder die Andere/n, und
wer den oder die Andere/n verstehen will, muß sich
selbst erkennen. So wachsen die beiden Liebenden über
sich hinaus, von kleinen zu großen Verhältnissen, wie es
das Crowley-Bild zeigen mag. Menschen und Dinge zu
nehmen, wie sie sind, und so auch der eigenen Person in
aller Selbstverständlichkeit zu begegnen – das war einst
das Paradies, indem man mit »Gott und der Welt« einig
war. Das neue Paradies kann *wieder* Menschen und
Dinge so nehmen, wie sie sind, und der eigenen Person
wieder mit aller Selbstverständlichkeit gegenübertre-
ten, wenn man sich und die anderen in dieser Welt versteht. Wenn das Denken Früchte trägt, kann man auf-
hören, sich Gedanken zu *machen*.

Der Zauber des Einmaligen

Der »Magier« ist Brücke zwischen oben und unten (Rider-Bild). Er verkörpert das, was der antike Mythos
dem Merkur oder Hermes zuschrieb (siehe dazu im
Crowley-Bild die Darstellung mit Flügeln an Kopf und
Füßen). Und er kennt den Zauber in den Dingen, wofür
der Zauberstab ein Zeichen ist (Marseiller Bild). Für
alle Tarot-Bilder gilt, daß sie wenig hergeben, wenn wir
sie »buchstäblich« nachahmen wollten. Es bringt bei-
spielsweise nichts, irgendeinen Hohepriester zu imitie-
ren. Doch es nützt sehr viel, die Funktion zu verstehen,
die das Amt oder die Person eines Hohepriesters in unserer Kulturgeschichte besessen haben (u. a. Erweckung
und Einweihung; Deutung der Lebensgeheimnisse und

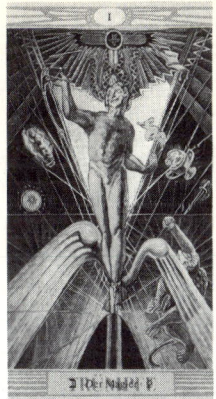

Abbildungen: Karte I – Der Magier
Rider-, Crowley- und Marseiller Tarot (v.l.n.r.)

Organisierung praktischer Riten), und diese Funktion
für das eigene Leben selbst auszufüllen. Ähnlich verhält
es sich mit allen Leitbildern, die die Tarot-Karten ver-
sammeln. Wir können sie beerben, wenn wir ihre heu-
tige Bedeutung erfassen.

Hermes, der Götterbote, entstand als Figur, als Symbol in der mythischen Zeit der alten Griechen, also vor
der Geburt der Philosophie und der anderen antiken
Wissenschaften. Diese stellten, etwa ab dem Jahre 600
v.Chr., bereits die Erben des Hermes dar! Denn Hermes
(und später Merkur) bedeutete nichts anderes als einen
mythischen Begriff der menschlichen Intelligenz. Für
diese Intelligenz (Denkvermögen und Begriffsfähigkeit
= Vernunft und Verstand) gab es in der mythischen
Vorzeit keine andere Ausdrucksform als die personifi-
zierende und sagenhafte Darstellung, die sich eben um
den Götterboten Hermes rankte. Während die antiken

Wissenschaften und Künste an Stelle des Mythos traten, entstand für den alten Inhalt ein neuer Begriff: Hermes wurde zu »Sophia«, was soviel wie Geschicklichkeit, Klugheit und Weisheit bedeutete. Die »Philo-Sophie« (die Liebe oder die Hinwendung zur Sophia), *die Philosophie* trat an die Stelle der mythischen Wahrnehmung. Vom Götterboten Hermes übernahm die antike Philosophie sinngemäß die Flügel an Kopf und Füßen. Denn ihr Wahlspruch war die Einheit bzw. die Übereinstimmung von Denken und Handeln, und dieses Motto drückt auf seine Art das Entsprechende aus, was zuvor der beschwingte Kopf und die beschwingten Füße des Hermes bedeuteten.

Dieser Wandel ist mehr als 2000 Jahre her. Inzwischen hat die Philosophie andauernde Umgestaltungen erlebt und ihre Grenzen erreicht. Zum einen ist heute eine beispiellose *Sachkunde* an die Stelle des Philosophierens getreten. Zum zweiten hat das »Individuum« seinen Stellenwert erkannt, und seitdem gibt es keine »ewigen Gesetze« mehr ohne persönliche Note und ohne individuellen Zuschnitt.

Wenn wir heute an Magier denken, so sind dies zumeist Männer und Frauen aus der Zeit des Übergangs vom Mittelalter zur Neuzeit: z. B. Agrippa von Nettesheim, John Dee und Edward Kelly, Cagliostro, Dr. Faustus, Paracelsus und Nostradamus und viele der sogenannten Hexen. Wenn der Vergleich gestattet ist, so läßt sich sagen, daß – ebenso wie der mythische Hermes ein Vorläufer der antiken Philosophen war – die Hexen und Magier am Anbruch der Neuzeit *ein* Vorspiel u. a. für die Entstehung des Individuums in der Moderne darstellten – eines Individuums, das sich »allein auf weiter Flur« den Kräften des Himmels und der Erde gegenübersieht.

Damit kehren wir zu den Bildern der Tarot-Karte »Der Magier« zurück.

In einem bestimmten Sinne ist es auch heute sinnvoll von »Magie« zu sprechen. Bild und Begriff des Magiers bedeuten nunmehr vor allem den Zauber einer persönlichen Individualität. Die Zahl der Karte, die Eins, ist auf der Ebene der im Tarot vorkommenden Zahlen nicht teilbar. »Unteilbar« aber heißt lateinisch individuum. Der »Magier« drückt Einheit, Einfachheit und Eindeutigkeit aus, gerade den Teil der persönlichen Existenz, der unteilbar eigen ist. Darin besteht seine Zauberkraft, daß er seine Individualität ausspielt. Ihm gelingen auf seinem Lebenswege Wunder, die für ihn ganz *natürlich* sind, so wie andere Menschen auf ihrem individuellen Weg Zauberstücke vollbringen, die für ihn immer unerreichbar bleiben, weil deren Weg nicht seiner ist.

Den »Magier« als eine Kraft zu entdecken, die jeder/m von uns zur Verfügung steht, heißt, die Kräfte des Himmels und der Erde *persönlich* benennen und anwenden zu lernen. Persönliche »Magie« oder, besser gesagt, der Zauber einer persönlichen Lebenskunst unterscheidet sich qualitativ vom Alles-Selber-Können-Wollen und von abergläubischen Geisterbeschwörungen. Wenn Sie den »Magier« oder die »Zauberin«, die in Ihnen stecken, näher kennenlernen möchten, ist der erste Schritt dorthin das Studium der vier Elemente (s. S. 26/27). Auf den Tarot-Karten tauchen vier Symbole immer wieder auf, die gleichfalls die vier Elemente darstellen. Es sind dies die

- Stäbe für das Element Feuer
- Kelche für das Element Wasser
- Schwerter für das Element Luft und
- Münzen oder Scheiben für das Element Erde.

In der Abbildung des Rider-Tarot sehen Sie diese vier Symbole auf dem Tisch vor dem Magier und sie sind seine Werkzeuge. Im Crowley-Bild sind Fackel oder Flamme, Münze, Schwert und Kelch ebenfalls enthalten.

Stellen Sie einmal – nach Ihrem derzeitigen Wissen von und nach Ihren Erfahrungen mit den vier Elementen – für sich fest, welches der vier Elemente Ihnen am besten bekannt und welches Ihnen am fremdesten ist. Machen Sie sich dazu Beobachtungen und Notizen. Überlegen Sie, von welchem Element Sie gern mehr erfahren möchten und wo Sie an einem vertrauten Element noch neue Aspekte vermuten. *Alle vier* Elemente zu kennen, diese in sich und an anderen zu erfahren und zu studieren ist die im wahrsten Sinne »elementare« Voraussetzung der persönlichen »Magie«.

Wenn Sie die vier Elemente kennen, ergibt sich auch die symbolische Bedeutung eines Zauberstabes. Ein Zauberstab ist ein konkretes Sinnbild: Er verbindet zwei Pole in einem gemeinsamen Ganzen. Und er unterscheidet das Eine nach zwei Richtungen hin.

Daß ein Stab zwei Enden hat, ist für sich genommen natürlich banal. Es bekommt aber seine große Bedeutung, wenn wir dies auf den Gebrauch der vier Elemente beziehen. Man muß zunächst Feuer, Wasser, Luft und Erde in sich entdecken und die persönlichen Tat-, Gefühls-, Gedanken- und Herstellungskräfte unterscheiden und ausprobieren. Ist dies gegeben, besteht der zweite Schritt darin – jetzt kommt die Symbolik des Zauberstabs ins Spiel –, unterschiedliche Elemente zu verbinden und innerhalb eines Elementes verschiedene Seiten trennen zu können.

Nehmen wir dafür ein praktisches Beispiel. Feuer bedeutet u. a. Selbstbehauptung und Durchsetzungsvermögen. Wasser symbolisiert u. a. Mitgefühl und Hinnahmebereitschaft. Was passiert, wenn Feuer und Wasser zusammenkommen? Das Wasser kann das Feuer löschen, das Feuer das Wasser verdampfen lassen – oder aber es kann ein Regenbogen entstehen, eine Verbindung von Feuer (Sonne) und Wasser. Das Mitgefühl kann das Durchsetzungsvermögen ertränken, die Selbstbehauptung mag jede Empfänglichkeit oder seelische Offenheit zu Dampf verkochen – es kann aber auch zu einer glücklichen Verbindung kommen, für die der Regenbogen als Zeichen steht, welches u. a. verwirklichte Träume symbolisiert. Gefühl und Härte, Zähigkeit und Zärtlichkeit, Zielstrebigkeit und Absichtslosigkeit, Worte und Nicht-Worte – in unendlich vielen Varianten lassen sich Begriffe finden für solche Widersprüche oder Gegensatzpaare, die bisher nicht zueinanderkommen konnten, deren glückliche Verbindung wie ein Wunder wirkt, deren Lösung aber möglich und wirksam wird, wenn diese der Verwirklichung der persönlichen Individualität entspricht.

Für die Zwillinge bedeutet »Der Magier« eine Herausforderung und eine Bestätigung ihrer Originalität. Die zauberhafte Charakteristik, die bereits im Symbol der Zwillinge enthalten ist – Zwei gleich Eins und Eins gleich Zwei –, kann sich hier voll entfalten. Die persönliche Bedeutung dieses Zaubers ergibt sich, wenn sie statt »Feuer und Wasser« im obigen Beispiel konkurrierende Ziele einsetzen, die Ihnen persönlich gleichermaßen wichtig sind, um ein Beispiel zu nennen, etwa Erfolg im Beruf und Zusammenleben mit Ihren Kindern. Es gibt Lösungen, die diese Ziele miteinander verwirklichen. Doch es gibt sie nur maßgeschneidert. Jede dieser wunderbaren Lösungen erfordert und bewirkt einen weiteren Schritt in der Realisierung Ihres individuellen Lebensweges und Ihrer persönlichen Identität.

Solange der eigene Weg *nicht* beschritten wird, besagt die Karte des Magiers umgekehrt, daß manches »wie verhext« erscheint. Man kommt nicht weiter, tritt auf der Stelle oder dreht sich im Kreis, wie es die liegende Acht (das Unendlichkeitszeichen oder die Lemniskate, die in allen drei Bildern enthalten ist – im Marseiller Bild in der Hutkrempe des Magiers) für den ungünstigen Fall anzeigen kann.

Wenn man einen solchen Bann brechen und eben eigene Wünsche wahrmachen möchte, gibt es letztlich keinen tauglichen Ersatz für den Weg, die persönliche Individualität zu erkunden und einzusetzen. Manchmal wird »der Magier« als Symbol der Willenskraft und als Trickfigur verstanden. Aber das führt nicht allzuweit. Entweder sind auch »Tricks« nur ein Wort für originelle Lösungen, für einen listenreichen Weg, welcher der individuellen Lebensart zum Sieg verhilft. Das bestätigt jedoch unsere Auffassung, daß einem erfolgreichen »Zauber« eben eine verwirklichte Individualität zugrundeliegt. Oder Tricks bleiben Nothelfer, unvermeidlich hier und da, die jedoch auf Dauer den »Trickster« (die Trickfigur) selbst am meisten betrügen, weil er seine Identität, seine wahre Wirksamkeit nicht erfährt oder nicht ausdrückt.

Ähnlich verhält es sich mit Kraftakten und Willenstrainings. Sie sind in anderen Zusammenhängen sinnvoll oder notwendig und gehören über das Element Feuer auch zum Instrumentarium des »Magiers«. Willenskraft kann den Zwillingen in uns nicht schaden. Sie gelten jedenfalls traditionell als schnell zu erschöpfen und leicht abzulenken. Mehr noch als einen starken Willen brauchen die Zwillinge jedoch ein Leben lang gute Nerven. – Worum es hier aber geht, ist herauszustellen, daß persönliche »Magie« oder Zauberkraft nicht nach dem Motto zu erreichen ist: »Wo ein Wille, ist auch ein Weg«. Wenn dem so wäre, brauchte es nur Feuer, aber keinen Zauber. Der innerste Wille kommt bei den Zwillingen oft zu kurz. Den persönlichen Willen wiederzugewinnen, ist dann tatsächlich entscheidend. Darum geht es auch im Märchen vom »goldenen Vogel« auf S. 117 ff. Gleichwohl reichen Wille und Feuer allein nicht zum »Magier«.

Die Suche nach der Bedeutung

Abbildungen: Karte Ritter der Schwerter
Rider-, Crowley- und Marseiller Tarot (v.l.n.r.)

Von den Schwertern im Tarot haben wir bereits gehört, daß sie dem Element Luft entsprechen. Doch bevor wir auf diese Bedeutung eingehen, bleibt festzuhalten, daß jedes Symbol einer Tarot-Karte ein ganzes Spektrum von direkten und von übertragenen Bedeutungen besitzt.

Die Schwerter stellen u. a. ein Zeichen der Rüstung, des Bereitseins dar, ein Werkzeug, ein Mittel des Kampfes und des Kriegs, der Verletzung und der Befreiung. Die Schwerter auf den Tarot-Karten erscheinen von daher unter den (jeweils positiven und negativen) Aspekten von:

- Mündigkeit, Selbständigkeit und Freiheit
- Verteidigungs- oder Aggressionsbereitschaft
- Ritterlichkeit, Autorität, Arroganz
- Schärfe, Zuspitzung
- Härte, Durchschlagkraft, Treffsicherheit u. a. m.

Für Sie persönlich fließt alles das in Ihre Sichtweise der Schwert-Karten mit ein, was Ihnen bewußt und unbewußt zu den Schwertern einfällt (z. B. Rüstungspolitik; Ritterfilme; Entscheidungen »auf Messer's Schneide«; Mäckie *Messer*; Ihre persönliche Situation, in der Sie sich jeweils damit beschäftigt haben; u. a. m.). Diese persönlichen Assoziationen sind erwünscht, weil sie einen persönlichen Bezug zu den Symbolen herstellen und die schließliche praktische Umsetzung erleichtern.

Die mehr allgemeingültigen Bedeutungen der Schwerter folgen aus der Zuordnung zum Element Luft, die sich im Laufe der Tarot-Geschichte eingebürgert hat. Auf der Ebene des Luftelements stellen die Schwerter die Waffen des Geistes dar: Denken, Vorstel-

lungskraft und Wissen. Die Schwerter beziehen sich ur-
sprünglich auf die Urteilskraft, auf die Fähigkeiten, sich
ein Urteil zu bilden und das eigene Urteil zu vollziehen.
Mit dem Schwert werden in diesem Sinne Bestimmun-
gen, Unterscheidungen und Klassifizierungen vorge-
nommen. Mit der Aufgabe, zu unterscheiden, wachsen
auch die Aufgaben, sich zu entscheiden und Erkenntnisse zu sammeln. Kurz, damit kommt das gesamte
Luftreich des Geistes in Beziehung zur Schwerter-Symbolik.

Die Windeseile, die im Rider- und im Crowley-Bild
zu erkennen ist, bedeutet die Schnelligkeit des »Luft«-
Elementes der Zwillinge. Je mehr das Denkvermögen,
dieses Naturtalent der Zwillinge, zum Zuge kommt
und sich entfalten darf, um so mehr ändern sich Geschwindigkeit und Bewegungsformen der Gedanken.
Das Tempo steigert sich von der Postkutsche über die
Brieftaube und das Telefon letztlich bis zur Lichtgeschwindigkeit. Die Lichtgeschwindigkeit ist ein ein-
fach-komplizierter Begriff der Physik, der verschiedene
gewohnte Erscheinungen umdefiniert. Zum Beispiel
breitet sich Licht demnach mit derselben Geschwindigkeit nach allen Richtungen aus. Es erreicht verschiedene und »gegensätzliche« Zielpunkte zur gleichen
Zeit und wirft damit den Satz, ein Ding könne sich nicht
an zwei verschiedenen Orten zugleich befinden, über
den Haufen. Das Licht kann es, und die Gedanken können es auch.

Gegenüber der freien Entfaltung der Gedanken
durch Raum und Zeit bedeutet es einen allzugroßen
Verzicht, sich mit dem sogenannten »positiven Denken« zu begnügen. Das »positive Denken« (gemeint ist
damit »nicht negativ denken«) ist eine Einbahnstraße

des Denkens, ähnlich brauchbar wie z. B. die Maximen »immer nach links fahren« oder »nur nach vorne schauen«. So könnte man allerdings die Bilder des Schwert-Ritters auch interpretieren. Aber dann befände sich die Ritterfigur auf einer Flucht nach vorne, und das stimmt tatsächlich für das positive Denken. Das »positive Denken« betont die Macht der Gedanken, aber es verschweigt deren auch vorhandene und zum Teil unvermeidliche Ohnmacht. Es ermuntert zum permanenten Sprung hin auf ein nächstes gewünschtes Ergebnis. Es nimmt dadurch ständig Anleihen am »Morgen« (an dem, was sein soll) auf Kosten des »Heute« (und dessen, was ist). »Positiv denken« so schreibt ein nicht unmaßgeblicher Verfechter, M. Czierwitzki, »bedeutet, im Wissen um die Macht der Gedanken, in jeder Lebenssituation, die eigenen Gedanken und Gefühle immer auf das gewünschte Ergebnis zu konzentrieren!« Der Preis des »positiven Denkens« ist eine Beschränkung des Denkens, weil eine Zensur stattfinden soll, welche die nicht-positiven Gedanken und Gefühle aussortiert. Das bedeutet aber auch, daß das »positive Denken« ein grundsätzliches Mißtrauen den persönlichen Gedanken und Gefühlen gegenüber einpflanzt bzw. bestätigt. Jeder Fortschritt des »positiven Denkens« macht ein stärkeres Verdrängen oder Vergessen unerwünschter Gedanken und Gefühle erforderlich.

Anders herum funktioniert es besser. Wenn wir den Mut haben, selbst zu denken, dann können wir auch unterschiedliche, widersätzliche, angenehme und unangenehme Gefühle und Gedanken erst einmal annehmen und dann mit Liebe und Kritik schauen, was sie bedeuten und was man mit ihnen machen kann. Das bringt Klarheit, wer Roß und wer Reiter ist. Gerade wenn man »gewünschte Ergebnisse« erreichen will, ist es entscheidend zu verstehen, was bestimmte Wünsche und Ergebnisse *bedeuten*. Sonst werden sie zu Fetischen. Und Wunschdenken wird sonst zu Zwangsdenken. Die *Bedeutungen* von Ereignissen, Gedanken oder Gefühlen aber zu verstehen, ist ein lebenslanger Lernprozeß. Denn dies beinhaltet auch, die Bedeutung der eigenen Person in dieser Welt zu erfahren und einzulösen.

Für eine solche Originalität und Radikalität der Erkenntnis steht die Karte des Schwert-Ritters als ein Gegenbild zur bloßen Rasanz oder zur Flucht nach vorn. Die konsequente Treue im Handeln zu dem, was man für richtig erkannt hat, muß sich immer wieder erneuern, muß sich auch an Zweifeln und an »Negativem« bewähren, um für sich ehrlich zu bleiben.

Spannendes Denken

Das »positive Denken« ist in den vergangenen Jahren mancherorts ebenso zu einer Mode geworden, wie wenige Jahrzehnte zuvor die »negative Dialektik« des Kulturphilosophen Th. W. Adorno, die nicht wenige Intellektuelle begeisterte. Die Parallelen und die Unterschiede zwischen diesen beiden Strömungen des Denkens sollen an dieser Stelle nicht weiter vertieft werden. Wohl aber soll die Frage gestellt werden, ob Denken (oder Dialektik = Denken in bestimmten Widersprüchen) überhaupt »positiv« oder »negativ« sein kann. Denken ist denken. Denken heißt »Vernunftgebrauch« und heißt Entdeckung sowie Ausgestaltung einer *persönlichen Logik*. Denken ist (zuerst und zuletzt) weder positiv noch negativ, sondern entscheidet sich danach,

 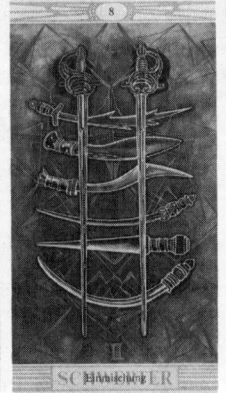 

Abbildungen: Karte Schwert 8
Rider-, Crowley- und Marseiller Tarot (v.l.n.r.)

ob es fuktioniert oder nicht – wie das Abzählen, das
Buchstabieren und das Zusammenzählen. Denken
kann »stimmen« oder sich »verzählen«. Denken ist
menschlich – im Irrtum und in der Erkenntnis.

Mit diesen Überlegungen erreichen wir nun eine
Folge von Kartenbildern, die zu den schwierigsten, den
umstrittensten, aber auch den schönsten im Tarot gehören. Die Karten Schwert 8, -9 und -10 sind die höchsten
Schwert-Karten (die Karten mit der größten Anzahl
an Schwertern). Die Schwerter stehen im übertragenen Sinne für die Waffen des Geistes. Sie besitzen eine
»zweischneidige« Bedeutung, die schon in *einem*
Schwert enthalten ist: »Geist« als Krone der Schöpfung
oder auch als Gipfel der Entfremdung. Was in dem
einen Schwert als Gegensatz angelegt ist, entfaltet sich
innerhalb der Reihe der Schwert-Tarot-Karten in verschiedenen Stationen und findet seine vollste Ausprä-

gung schließlich in den hohen Schwert-Karten 8, 9 und 10. Die Entfremdung des »Geistes«, der Irrtum des Denkens kann soweit eskalieren, daß »Einmischung«, »Grausamkeit« und »Untergang« die Folgen sind. So lauten denn auch die Titel der Crowley-Karten. Crowley war nicht der einzige, der die hohen Schwert-Karten eindeutig negativ sah. Die Titel auf den Crowley-Karten sind für sich genommen zutreffend, aber als *alleinige* Bezeichnung der Kartenbilder völlig unzureichend. Jede Karte besitzt ein ganzes Spektrum von Bedeutungen – negative, positive, vermischte, neutrale und andere Erklärungen.

Die Bilder der Karte »Schwert 8« zeigen zunächst einmal eine Balance von Kräften (Marseiller Bild), die sich durchdringen und verzahnen – ein Zusammenwirken, in dem zahlreiche, unterschiedliche Kräfte sich gegenseitig unterstützen oder behindern können. Diese Behinderung kann als Fesselung erscheinen wie im Rider-Bild – als eine Art der Gefangenschaft mit fehlendem Durchblick und der Handlungsunfähigkeit. Viele Kleinigkeiten können eine/n gefangennehmen oder befangen machen. Und viel kleinliches Ungeschick stellen auch die 6 Schwerter im Crowley-Bild dar, wenn sie so gesehen werden, daß diese kleineren Schwerter die Wirkung oder die Richtung der beiden großen Schwerter durchkreuzen. Die Bilder bedeuten unter diesem Vorzeichen »schlechte Karten«: Nichts klappt so, wie es soll – man fühlt sich unwohl in seiner Haut – auf Schritt und Tritt tappt man im Dunkeln (Rider-Bild) oder es kommt etwas dazwischen (Crowley-Bild).

Die astronomische Zuordnung zu dieser Karte lautet: »Jupiter in Zwillinge«. Jupiter bedeutet u. a. Bewußtseinserweiterung und Großzügigkeit. Die Karte

»Schwert 8« zeigt, so gesehen, Situationen, in denen *entweder* mehr Bewußtheit und Großzügigkeit oder Großmut nötig sind, um Störungen, Behinderungen und Hemmungen zu überwinden. *Oder* auch solche Umstände, in denen eine gewachsene Bewußtheit und vergrößerte Perspektiven die Ursache dafür sind, daß man plötzlich überall anstößt, die gewohnten Verhältnisse als zu eng empfindet und eine »Politik der kleinen Schritte« satt hat. – Praktisch bedeutet »Schwert 8« beim Kartenlegen entweder einen Hinweis auf eine notwendige Wartezeit, in der neuer Mut und neue Bewußtheit reifen können. Oder die Karte deutet auf das fällige Ende einer Periode des Abwartens hin. Sobald die Person im Rider-Bild weiß, daß sie gefangen und zugleich von Schwertern umgeben ist, kann sie sich auch befreien. Sie muß dann einen Schritt auf die Schwerter zugehen und die hinderlichen Bindungen trennen. – Viele Kleinigkeiten ergeben zusammen ein ganzes Bild. Die sechs Schwerter im Crowley-Bild können auch als Bahnschwellen aufgefaßt werden, die den Hauptschienen (den beiden langen Schwertern) Grundlage und Halt verleihen. Viele »kleine Schwerter« (alltägliche Ideen, Gedanken und Begriffe) können oder müssen zugunsten bewußter und großzügiger Perspektiven neu geordnet werden. Auch das Crowley-Bild zeigt in diesem Sinne eine erforderliche Wartezeit oder deren erfolgreiche Beendigung, wenn der Zug auf neuen Gleisen Fahrt aufnehmen kann.

Einkehrtage, Perioden des Abwartens und des Ausharrens, Zeiten der inneren Auseinandersetzung oder des inneren Durchdringens und Verzahnens von Erfahrungen und Gedanken – diese sind für Zwillinge typische Stationen. Aber auch die Erfahrung von Unterdrükkung und von Abhängigkeit, von welchen es sich zu befreien gilt, kennzeichnet den Zwillings-Typus, und auch dieses geben die Bilder wieder. Die sich kreuzenden Schwerter im Crowley-Bild können übrigens wie mehrere aufeinandergestapelte Zwillings-Zeichen gesehen werden.

Die Zwillinge stehen in der Gefahr, sich von »jedem« dazwischenkommenden Gedanken ablenken zu lassen, aber auch zugunsten einer festgelegten Ausrichtung querliegende Gedanken oder neu hinzutretende Argumente nicht zu berücksichtigen. Dieses u. a. machen die Bilder aus dem Crowley- und dem Marseiller Tarot deutlich. Komplexe Gedankenmuster können gedankliche Sicherheit und geistigen Schutz bieten, aber auch dazu führen, daß man sich in den vielfältigen Schienen oder Fäden des Denkens verstrickt. Diese Aussagen machen alle drei Tarot-Bilder, eher »abstrakt« im Marseiller und im Crowley-Tarot, mehr »sinnlich« im Rider-Tarot.

In diesem letzteren Tarot stellt die Fesselung der Bildfigur in einem übertragenen Sinne auch die Aufgabe heraus, sich zu *entspannen*, sowie die Fähigkeit, sich *anzuspannen*. Das richtige Verhältnis von Entspannung und Anspannung ist eine wesentliche Lernaufgabe der Zwillinge. Die Rider-Karte kann ferner eine Situation des Sich-*Einigelns* anzeigen. Eine derartige Situation kann wiederum für die Zwillinge in uns sehr heilsam oder sehr gefährlich werden.

Zwillinge neigen auf der einen Seite dazu, sich mit Gott und der Welt auseinanderzusetzen – nur zu wenig mit sich selbst. Ein Teil der astrologischen Literatur hält es für ein Merkmal besonders der Zwillings-*Frauen*, stets und ständig in Kontakt und in Auseinandersetzung mit *anderen* zu sein und dabei sich selbst zu vergessen. In dieser Situation braucht der Zwillings-Typus tatsächlich eine *Anspannung* seiner Kräfte, um nach außen »dicht« zu machen, um nach innen zu gehen und zu sich zu gelangen. Zwillinge neigen aber auf der anderen Seite genauso dazu, sich nur oder überwiegend mit sich selbst zu beschäftigen – sich jeweils auf Linie zu bringen, das eigene Verhalten zu kontrollieren, die Gedanken aufzugliedern usw. Wenn man der Zuordnung zu den Geschlechtern folgen will, wären dies typische Züge des Zwillings-*Mannes*. In diesem Falle braucht der Zwillings-Typus dringend eine *Entspannung* seiner Kräfte, um sich zu öffnen, um seine Burg (klein im Rider-Bild) mit anderen zu teilen und um seine reichen Geistesgaben (Schwerter) zur Geltung zu bringen.

Licht und Schatten

Die Bilder der Tarot-Karte »Schwert 9« lassen eine mehrfache Sichtweise zu. Im Marseiller Bild spitzt sich das Arsenal der Schwerter auf eines zu, das je nach Lage der Dinge aufwärts oder abwärts weisen kann. Im Rider-Bild sieht die Szene einmal nach einem verzweifelten Aufschrecken in der Nacht aus. Es ist dunkel. Die Hände sind vor dem Kopf geschlagen. Die Rose (auf der Decke dargestellt) bedeutet das innere Selbst und die Logik der persönlichen Eigenart. Die astrologischen Zeichen (auf derselben Decke im Bild) besagen in diesem Zusammenhang, daß der komplette Gedanken-(= Schwerter-)Horizont und/oder der persönliche Kosmos in irgendeiner Weise nicht mehr stimmen und

74

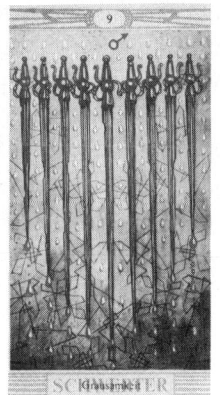

Abbildungen: Karte Schwert 9
Rider-, Crowley- und Marseiller Tarot (v.l.n.r.)

ein Gefühl der Bedrohung oder der Verzweiflung hervorrufen. – Dasselbe (Rider-)Bild läßt sich aber auch so betrachten, daß hier jemand *wach* wird. Es war zuvor dunkel. In dieses Dunkel kommt nun viel Licht (Schwerter = Geistesblitze) und/oder viel Liebe (die Rosen). An dieses vielfache, neue Helle muß die Person im Bild sich erst gewöhnen, deshalb die Hände vor den Augen. Ein ganzer Kosmos, ein Weltbild ändert sich durch die Fülle neuer Erkenntnisse, und die Bildfigur tut gut daran, sich langsam an diese neuen Gedanken zu gewöhnen.

Die neun Schwerter im Crowley-Bild sind einmal so aufzufassen, daß von den Schwertern Blut tropft. Grausamkeit kann damit tatsächlich angezeigt sein, quasi eine ergänzende Darstellung zur Verzweiflungsszene im Rider-Bild. Dasselbe Bild (Crowley-Tarot) läßt sich aber auch so verstehen, daß »Schwerter« und »Blut«

ineinander reichen, daß Schwerter, d.h. der Geist, die Denk-, Vorstellungs- und Bewußtseinskräfte, ins Blut übergehen bzw. von daher ihre Kraft beziehen. (Vergleichbar dem Pfeil des Amors, der ja auch das Herz durchdringt.) Die »Schwert 9« deutet bereits die *Verbindung von Gedankenwelt und persönlicher Existenz* an, welche die folgende »Schwert 10« noch konsequenter zum Thema machen wird.

Die astrologische Zuordnung dieser Karte heißt »Mars in Zwillinge«. Das bedeutet soviel wie *heiße Gedanken*. Leidenschaftliche, feurige Gedanken, die verdrängt wurden und auf einmal wieder zum Vorschein kommen, können ebenso Anlaß zu verletzenden Zweifeln oder zu bedrohlichen Gewalttätigkeiten sein, wie abgehobene, überfrachtete Leidenschaften, die wie eine Wolke von Damokles-Schwertern den geistigen Horizont verstellen.

Die Zwillinge reifen geistig an ihren Leidenschaften, und ihr geistiges Wachstum beflügelt wiederum ihre Leidenschaften. In dieser Konstellation besitzen und benötigen die Zwillinge in uns allen ein genaues Unterscheidungsvermögen zwischen Licht und Schatten, das manchmal auch krasse Kontraste zeichnet. Aus dieser Unterscheidungskraft heraus erblüht die Rose, der Ausdruck der persönlichen Eigenart und der Verwirklichung des persönlichen Willens.

Heiße Gedanken bedeutet Begegnung mit dem Blendenden und dem Abgründigen, mit dem Unfaßbaren und mit dem Unvorhergesehenen. Die wesentliche Fähigkeit, die die Zwillinge hier mitbringen, aber auch kultivieren müssen, ist die Verantwortung – die Bereitschaft auf das, was geschieht, zu *antworten*, mit allen dazugehörigen Widersprüchen sich selbst

gegenüber verbindlich und anderen gegenüber verant-
wortlich zu sein. Das erlaubt es immer wieder neu, un-
geahnte Abgründe, Fehler, Irrtümer usw. einzusehen,
zuzugestehen oder zu beseitigen – und unvorstellbare
Heiterkeiten, Helligkeiten und liebevolle Möglichkeiten gewahrzuwerden, auszuhalten und wachsen zu lassen.

Grenzüberschreitung

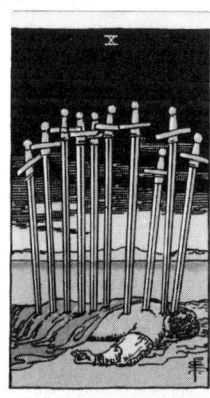 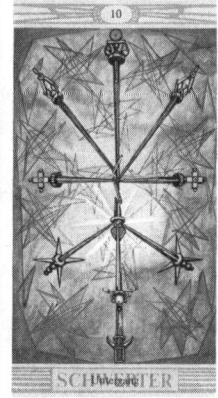 

Abbildungen: Karte Schwert 10
Rider-, Crowley- und Marseiller Tarot (v.l.n.r.)

Untaugliche Gedanken, der Mißbrauch oder Nicht-
gebrauch des Denkvermögens können eine/n ruinie-
ren. Das zeigt das Rider-Bild auf den ersten Blick, und
dies sagt die Crowley-Karte mit ihrem Untertitel. Die
Botschaft der »Schwert 10« und die entscheidende Aufgabe für die Zwillinge liegt jedoch *auch* darin, den eigenen Gedanken wirkliche Bedeutung beizumessen und

ihnen zu erlauben, die eigene Person in ihrer ganzen Existenz zu durchdringen und festzulegen. Auch *das* illustriert das Rider-Bild, und das Crowley-Bild sagt, ungeachtet seiner einseitigen Betitelung, ebenfalls, daß es darauf ankommt, die (persönliche) Gedankenwelt fruchtbar zu machen. Die Schwerter sind im Crowley-Bild in Gestalt des (kabbalistischen) Lebensbaums angeordnet. Sie sind zum Teil gebrochen oder angeschlagen, d. h. sie sind *gebraucht*. Nur in der Anwendung der Gedankenwelt auf die Existenz einer Person erweist sich, welche Gedanken brauchbar sind und welche nicht. Und erst die Unterscheidung von Gedanken, die für das persönliche Leben geeignet sind, macht auch die Bereitschaft, sich festzulegen und festlegen zu lassen, zu einer fruchtbaren Angelegenheit. Dann kann die Saat, die in einer Person steckt, viele Früchte tragen (so eine weitere Betrachtungsweise des Rider-Bildes). Und so können die Möglichkeiten eines Menschen, die zunächst ein kleiner Keim sind wie das angedeutete Herz im Crowley-Bild (am Knauf des 6. Schwertes von oben), sich zu einem blühenden »Baum des Lebens« auswachsen. »Sonne in Zwillinge« ist die astrologische Konstellation dieser Karte.

Als Gipfel des Denkens zeigen die Tarot-Bilder der Schwert 10 keinen Philosophen und keine Weise Frau auf ihrem Thron. *Die Fülle der Schwerter erweist sich darin, daß Gedanken zur persönlichen Erkenntnis führen.* Denn erst wenn sie sich auf die Lebenswirklichkeit eines bestimmten Menschen beziehen (wenn sie in einer Existenz »drinstecken«), werden Gedanken zu Erkenntnissen. Der Weg dorthin besteht in Liebe und in kritischer Auseinandersetzung. Denn, wie schon bei der Karte der »Liebenden« ausgeführt: Man muß einen

Menschen oder einen Sachverhalt sehr lieben, um sich exintentiell mit ihm auseinanderzusetzen und um ihn ganz zu erkennen. Dann erst sind die Schwerter an ihrem Ziel.

Die Zwillinge sind ein Zeichen der Liebe und der Erkenntnis. Der Juni, der Hauptmonat der Zwillings-Zeit, gilt auch als Rosenmonat und als »Zeit des Blühens und Duftens«. Und Pfingsten, das wichtigste traditionelle Zwillings-Fest war oder ist eine Feier der Grenzüberschreitung, der Aufhebung der Sprach- und Verständigungsgrenzen, weil man in Liebe und Erkenntnis (»durch den heiligen Geist«) bis zum Wesen des anderen Menschen vordringt. Ein Teil der derzeitigen astrologischen Lehrmeinungen faßt allerdings »Liebe« kategorisch nur zur Waage und »Erkenntnis« erst zum Schützen, so daß die Zwillinge allein auf die Sammlung und Verbreitung von Gedanken und Informationen beschränkt werden sollen. Doch diese Auffassung erscheint zu eng. Sie entspricht nicht den überlieferten Bedeutungen des Zwillings-Monats. Vor allem aber führt das *Denken* selbst, diese unstrittige Besonderheit der Zwillinge – wenn es fruchtbar sein will – zu Erkenntnis und Liebe. Vielleicht sind Liebe und Erkenntnis der Grenzfall der gedankenbetonten Zwillingsnatur. Doch erst da geht die Saat des Geistes auf und tragen die Schwerter Früchte.

Zwillinge werden seit alters als Schmetterlinge beschrieben. Ein Grund dafür liegt wohl auch in ihrer Flatterhaftigkeit, in ihrer Neigung zu Oberflächlichkeit und zu Tändelei. Ein ganz anderer Grund für den Vergleich der Zwillinge mit Schmetterlingen aber ist folgender: An sich selbst und in der Auseinandersetzung mit anderen zu reifen und immer wieder Grenzen zu überschreiten, alte Horizonte hinter sich zu lassen, dies ist keinem so ins Stammbuch geschrieben wie den Zwillingen. Schmetterlinge symbolisieren den »Lebenshauch« und die Lebensgeister. Sie sind auch deshalb ein Sinnbild für die Zwillinge, weil sie einen *siegreichen Reifungs- und Umwandlungsprozeß* verkörpern. Die hohen Schwert-Karten, die oftmals so bedrohlich wirken, stellen tatsächlich *auch* eine erfolgreiche Metamorphose zum Schmetterling dar, im Rider-Tarot ohne weiteres im Bild zu erkennen: »Schwert 8« zeigt das Einspinnen in den Kokon, »Schwert 9« die notwendige Wachstums- und Reifezeit innerhalb des Kokon, und »Schwert 10« stellt die abgestreifte Raupenhülle dar. Der neugeborene Schmetterling ist nicht im Bild zu sehen, er ist jenseits der Vorstellungen unterwegs. Er steckt nicht mehr in dem Vor-Bild, sondern in der lebendigen Person des Betrachters oder der Betrachterin.

Wie ein Schmetterling mit Lichtgeschwindigkeit

Traumdeutung für spontane Zwillings-Naturen

Es knüpft an die letzte der besprochenen Tarot-Karten, die Schwert 10, an, wenn wir uns an dieser Stelle in eine »Grundlagenforschung« begeben, um zu verstehen, was Träume für den Zwillings-Typus bedeuten. Im Interesse seiner Spontaneität ist das Zwillings-Naturell in uns allen auch gut beraten, gewisse Dinge genau zu nehmen. Spontaneität braucht klare, einsichtige Verhältnisse. Die Traumdeutung steht heute in einem Umwälzungsprozeß, der nicht minder bedeutsam ist als die Situation vor hundert Jahren, in der Sigmund Freud und andere Männer und Frauen in Gesellschaft, Wissenschaft und Kunst dabei waren, die moderne Traumdeutung aus der Taufe zu heben. Von den derzeitigen Veränderungen bleibt die Deutung eines jeden aktuellen Einzeltraums nicht unberührt.

Exkurs zu den Grundlagen

Die Deutung der Träume (von erinnerten Nachtträumen sowie von frei assoziierten Wachträumen) war für Freud der »Königsweg zum Unbewußten«. Er prägte den Begriff des Unbewußten, dem sich später durch Carl Gustav Jung die Begriffe des kollektiven Unbewußten und des Komplexes anschlossen. Wer sich in der Folgezeit mit Traumdeutung beschäftigte, hat sich im großen und ganzen an die Vorstellung gewöhnt, Träume seien *Ausdrucksformen des Unbewußten und des Seelenlebens*. Doch eben diese Vorstellung scheint heute zu eng zu werden.

Wenn wir schlafen (oder in einem Wachtraum ruhen), »schläft« das Gehirn nicht, sondern es pulsiert weiter und produziert u. a. die Träume. Das Gehirn ist dabei sowohl ein System für sich wie auch eine Art Rechenzentrum, Marktplatz, Spiegelbild – ein zusammengefaßter Ausdruck für die Ereignisse in und um den betreffenden Menschen. Wenn wir die Gehirntätigkeit aber, wie üblich, dem menschlichen Bewußtseinsfunktionen zuordnen, so ist es nicht das Unbewußte, sondern das Bewußte, welches die Träume herbeiführt.

Sicherlich verändert das Gehirn einzelne seiner Funktionsweisen zwischen Wach- und Schlafzustand. Aber auch zwischen verschiedenen Stufen der Wachheit modifiziert es seine Abläufe. Im Prinzip aber bleibt sich die Gehirntätigkeit gleich, ob wir superwach, normalwach, müde oder schlafend sind. Das dabei unveränderte Prinzip ist: Die Gehirntätigkeit gehört zu den Existenzbedingungen des Menschens. Sie ist zeitlebens da wie das Atmen. Menschliche Gehirntätigkeit bedeutet Bewußtseinsfähigkeit und geistige Aktivität (eine inhaltlich insoweit *unbestimmte* Aktivität). Die Symbolik des »Luft«-Elements beinhaltet ja bereits diese doppelte Bedeutung. Luft ist Atemluft und geistige Energie. Das eine wie das andere ist eine Lebensnotwendigkeit der Spezies Mensch. Ohne Atem kann sie nicht existieren, und ohne geistige Aktivität kommt es zu einem Stromausfall im Menschen, zu einem »black out«, zu einem Nervenzusammenbruch oder anderen Schädigungen. Das völlige Fehlen von geistiger Aktivität be-

deutet dasselbe wie das Ausbleiben des Atems – nämlich den Tod. »Dum spiro, spero« sagten die alten Rö-
mer(innen), »solange ich atme, hoffe ich« (wobei hof-
fen heißt, sich in einer geistigen Spannung zu befinden:
»Solange ich atme, fließt in mir geistige Energie«).
»Alle Lebewesen sind beseelt, nur der Mensch ist au-
ßerdem noch be-geistet« (Wilhelm Unger).

Der Unterschied zwischen Tag und Traum liegt nicht
im Wechsel zwischen Bewußtem und Unbewußtem.
Auch im Tagesgeschehen ist Unbewußtes wirksam.
Eine Bewußtseinsfähigkeit ist im Wachen wie im Schlafen gegeben – eben durch die fortdauernde Gehirnfunk-
tion; was sich aber ändert, ist der Gebrauch, den wir
von dieser geistigen Grundaktivität machen. Im Wach-
zustand richten wir sie auf *bestimmte* Ziele und Entscheidungen aus. Im Schlaf- oder Traumzustand ist
demgegenüber die geistige Aktivität letztlich sich selbst
überlassen, sie ist absichtslos und unbestimmt. Das
»positive Denken«, von dem wir gehört haben, daß es
allein auf »*gewünschte Ergebnisse*« abstellt, möchte
gleichsam immer Tag und keine Nacht erleben.

Viele andere Geistesschaffende ziehen demgegenüber eine Nachtschicht vor, nicht zuletzt deshalb, weil
sie sich reichere Ergebnisse davon versprechen, wenn
die geistige Aktivität ungebundener und weniger vorbe-
stimmt sein darf, als dies der Tagesablauf sonst zuläßt.

Das Große Unbekannte

Für den Zwilling ist, wie bereits gesagt, das vorstel-
lungslose Denken typisch. Dies ist sein Charakteristi-
kum, welches seine besonderen Gefährdungen und

seine besonderen Chancen beinhaltet. Solange die Zwillinge sich unter ihren Gedanken nichts vorstellen können, besitzen sie keinen Begriff und kein persönliches Verhältnis zur Gedankenwelt. Andererseits ist ein Denken, das nur soweit reicht, wie die individuelle Vorstellungskraft sich ein Bild davon machen kann, begrenzt. *Denken beginnt eigentlich erst beim Unfaßbaren.* Unfaßliches – wie z. B. Lichtgeschwindigkeit – können wir uns nicht vorstellen, aber denken. Wenn die Zwillinge die beiden Klippen umschiffen – unpersönlichen oder unverantwortlichen Gedanken anzuhängen sowie nur im Bereich des Vorstellbaren zu denken –, erreichen sie danach ein unbekanntes Land, »das noch kein Aug' geschaut«, das aber die Heimat der Gedanken darstellt.

Träume sind geistige Aktivität ohne bestimmten Zweck. Träume künden von einer anderen Art Bewußtsein (als das alltägliche Bewußtsein): *Träume sind Gedanken ohne verpflichtende Beurteilung und ohne unmittelbare Handlungsrelevanz.*

Das Gehirn, der geistige Apparat produziert ständig Gedanken, die wir durch die üblichen alltäglichen Gebräuche nur zu einem geringen Teil ausschöpfen. Traumdeutung heißt für die Zwillinge daher, ein persönliches, verantwortungsbereites Verhältnis zu der größeren geistigen Aktivität, zu der Universalität der möglichen Gedanken und Gedankenverbindungen zu gewinnen. Der Begriff des Unbewußten stellt aus heutiger Sicht eine Brücke dar, um von einem älteren, engen zu einem neuen, erweiterten Bewußtseins-Begriff zu gelangen – zu einem erweiterten Bewußtsein, in dem das Große Unbekannte und das Unfaßbare einen klaren, einsichtigen Platz besitzen. Wenn die Gedanken zu ih-

rem Recht kommen, dann können wir uns das Unfaßbare denken und verstehen uns darauf, mit den Gedanken, einschließlich des Unvorstellbaren, praktisch
etwas anzufangen.

Das Unfaßbare denken

Das Unvorstellbare denken und mit diesen Gedanken
handeln – dies ist ein Gebot unserer Zeit, und die Zwillinge in uns allen können dabei als gefragte Pioniere die-
nen. Die Leitbilder und Zielvorstellungen nicht weniger
Menschen und Gesellschaften sind dabei, sich zu erschöpfen. Geistige Horizonte führen nicht mehr weiter,
weil sie erreicht sind. Die Aufhebung der deutschen Tei-
lung ist dafür nur ein, allerdings typisches Beispiel. Wir
kommen in ein Neuland, in unbekanntes Gefilde, das
jenseits unserer Vorstellungskraft liegt. Das gilt auf der
gesellschaftlichen wie auf der individuellen Ebene.

Wenn wir uns das Unvorstellbare nicht denken, ereilt
es uns als überwältigendes Glück – oder aber als ge-
waltsamer Schock. In diesem Jahrhundert haben wir
Schocks erlebt und fabriziert – wie die Massenvernich-
tung der Weltkriege und den Holocaust, aber auch wie
die Existenzbedrohung durch Reaktorkatastrophen
und die Vergiftung der Flüsse und Meere, die dazu
zwingen, Unfaßbares zu begreifen, wenn man ein klares
und waches Verhältnis zu sich selbst und zu den eigenen
Existenzbedingungen behalten will. – Auf der ganz anderen Seite ist heute Lebensglück und Wunscherfüllung
keine bloße »Glückssache« mehr. Die Zauberkraft der
Individualität macht neue Paradiese möglich. In gewis-
ser Weise sind eine erkannte Identität und eine verwirk-

lichte Individualität für jeden und jede von uns das neue
Paradies, das ins Hier und Heute geholte Jenseits, von
dem es heißt, dies habe noch »kein Aug'« geschaut.
Denn jede Persönlichkeit, die zu sich selber findet, führt
auf ihre Art über die Grenzen des schon Bekannten hinaus und reicht in ein Jenseits, das sie erstmals erhellt.
Diese realen Glücksmöglichkeiten im Leben einer/s jeden Einzelnen machen es *wünschenswert*, das Unfaßbare zu denken.

Traumsymbole der Zwillinge

Wenn es ein typisches Traumsymbol für die Zwillinge
gibt, so ist dies eben das Unfaßbare. Es versteht sich,
daß kein Buch eine irgendwie erschöpfende Liste der
Erscheinungsformen des Unvorstellbaren geben kann.
Aber es ist da und kündigt sich in der Traumsymbolik
zum Beispiel – als Irritation, als Schwindel oder als
Phantom an. Unbegreifliche Begegnungen im Alltag
oder im Traumerleben gehören in diesen Zusammenhang. *Phantomschmerzen* sind eine Plage vieler Zwillings-Menschen. Eindeutige Motive (Wünsche oder
Ängste) können sich plötzlich in ein scheinbares Nichts
auflösen, so daß man sich fragt, ob man einem Phantom nachgejagt oder davongelaufen sei. Diese und andere außergewöhnlichen Erlebnisse (z. B. Ufos) bringen
zum Ausdruck, daß eine gründliche Auseinandersetzung mit der Zwillingssymbolik nötig ist.

Blütenträume und Parfum

Obwohl der Zwillings-Typus auch durch brausende Stürme charakterisiert wird, besitzt er zugleich das Naturell eines Schmetterlings. Das hat seine volle Berechtigung, wie wir bei den Schwerter-Karten des Tarot sehen können, durch die Fähigkeit sowie die Entwicklungsaufgabe der Transformation. Die Leichtigkeit des Schmetterlings, seine Schönheit und seine Farbenpracht sind ein Sinnbild für die Erleichterung, die Freude und die Lebendigkeit, die ein Mensch erlebt, wenn er seinen Weg findet und auf diesem die für ihn wesentlichen Aufgaben erledigt. Eine ähnliche Bedeutung besitzen auch Parfums, ätherische Öle und sonstige Duftstoffe.

Düfte sind auch Ausdruck von Erregung und Aufregung. Düfte schaffen Verbindungen und halten Abstände. Erlebnisse mit Duftstoffen betreffen daher die spannungsreichen Wünsche nach Nähe und nach Distanz. Traum- und Alltagserfahrungen mit Duftstoffen (zu denen auch das »Schnüffeln« in jeder Art gehört) stellen zusätzlich häufig symbolische Fragen der persönlichen Selbstkontrolle dar: Zuviel Selbstkontrolle hält das Erregende und Aufregende unter Verschluß. In diesem Falle spielen Parfum, Wohlgerüche, Blütenträume und das Betörende nur noch eine geringe Rolle im täglichen Leben, obwohl sie typisch für die Zwillinge sind. Zuwenig Selbstkontrolle läßt auf der anderen Seite das Parfum, den Esprit verfliegen. – Letztes wiederum ist eine Kehrseite auch der Schmetterlings-Symbolik. Unfaßbares, das unbedacht und unbegriffen bleibt, verflüchtigt sich und verführt zu Klagen über die Seichtigkeit und »die unerträgliche Leichtigkeit des Seins« (M. Kundera).

Selbstsucht und Schmerzlosigkeit

Mit der Leichtigkeit verhält es sich wie mit dem »Berg« bei der Tarot-Karte der »Liebenden«: Er geht verloren, wenn man zu begreifen beginnt, und er wird wiedergewonnen, sowie man zu begreifen versteht. Leichtigkeit ist ein anderes Wort für Selbstverständlichkeit. Diese muß aufgegeben werden, um zu einem neuen oder erweiterten Selbstverständnis zu gelangen. Verlust und Suche nach Neuerwerb eines persönlichen Selbstverständnisses können bei den Zwillingen in uns allen auch zu einer ausgeprägten Selbstsucht führen. Oft fällt sie subjektiv nicht auf und erscheint lange Zeit ihrerseits als selbstverständlich. – Traumereignisse können hier Hinweise geben.

Eine abgewandelte Form der Selbstsucht gibt das Bild des »rasenden Reporters« wieder, dessen eifrige Gier nach sensationelle Neuigkeiten und überragenden Gags derselben Suche Ausdruck verleiht, hier insbesondere der Suche nach der *Bedeutung* (der *eigenen* Person). Die Selbstsucht tritt ebenfalls in Form des rastlosen Schaffens auf und in der Form des Radikalismus und Extremismus.

Einen Gegenpol der Selbstsucht bilden die Schmerzlosigkeit und die sogenannte Indolenz, eine Unberührtheit von Leid oder Schmerzen, eine Mischung aus Trägheit und Heroentum infolge eingeschränkter persönlicher Betroffenheit.

Die genannten Verhaltensweisen, ob im Tages- oder im Traumgeschehen, sind Signale, die nach mehr Ehrlichkeit und Konsequenz (sich selbst und/oder anderen gegenüber) rufen. Am Punkt der Ehrlichkeit (und an ihrer Ehre) sind die Zwillinge leicht verletzbar und verletzend. Die Wiederherstellung der Ehrlichkeit (und der persönlichen Ehre) mitsamt praktischer Konsequenzen ist zugleich auch ihr bestes Heilmittel bei erlittenen oder ausgeteilten Verletzungen.

Doppelgänger und verlorenes Gegenüber

Alle Formen der Verdoppelung (auch der Wiederholung und der Imitation) fallen in den Bereich der Zwillings-Symbolik und zeigen eine Auseinandersetzung mit der eigenen Identität an. Das gleiche gilt für den Verlust eines Gegenübers. Zum letzteren gehören auch Erfahrungen des Vermissens, des Verschwindens und der Unerreichbarkeit. Die Doppelung ihrerseits kann sich zu Gewohnheiten eines Doppellebens verfestigen, auch zu gesteigertem oder aber gespaltenen Wahrnehmungsfähigkeiten. Die große Herausforderung dieser Erlebnisse ist die Preisgabe einer fraglichen oder ungenügend gewordenen Identität. Eine alte Identität fallen zu lassen, ist eine Feuerprobe, welche die Zwillinge als Luftwesen dann gut überstehen (ohne sich die Flügel zu verbrennen), wenn sie sich auf ihr Denkvermögen, d.h. auf ihre Vernunft verlassen. Dazu brauchen sie ein autonomes Denken. Je mehr sie ihr Denkvermögen trainieren, desto mehr können sie sich gedanklich von untauglichen Identifizierungen lösen und sich auf neue noch unbekannte Vorstellungsinhalte vorbereiten, die auch ein neues Selbstverständnis anbieten.

Verfolgung und Ausweglosigkeit

In Verfolgungsjagden bekommt die angesprochene Verdoppelung oder Doppelexistenz der Zwillinge eine zusätzliche Dynamik. Aus dem Bild des Doppelgängers wird ein Verfolgungsfilm. Zu bedenken ist bei einem entsprechenden Traumerlebnis, welche der Personen, die an einer Verfolgungsaktion beteiligt sind, man selber ist. Sogar bei Verfolgungen oder Verfolgungsängsten im Alltag ist diese Frage sinnvoll. Grundsätzlich kommt sowohl die Möglichkeit infrage, daß man selber *eine* der Parteien ist – daß man sich also mit aller Energie gegen eine/n Verfolger/in zur Wehr setzen muß oder mit aller Entschiedenheit eine verfolgte Person oder Sache erreichen will. Genauso steht die Möglichkeit im Raum, daß man sich gleichzeitig in Subjekt und Objekt (der Verfolgung) wiedererkennen sollte.

Wie alle Träume und wie alle Ereignisse können die Verfolgungsszenen eine direkte sexuelle Bedeutung haben und Ausdruck entsprechender Wunsch- und Angstvorstellungen sein. In Beziehung dazu oder auch selbständig davon kann Verfolgung weiterhin Suche nach Erfolg signalisieren und auch, wie beim Doppelgänger, nach Identität.

Die Erfahrung des verlorenen Gegenübers wiederum äußert sich, wenn sie zusätzliche Dynamik oder eine Dramatisierung erhält, in Erlebnissen der Ausweglosigkeit. So schlimm manchmal derartige Erfahrungen sind, so ist (nach der Regel, jeder Traum – aber auch jedes Erlebnis – könne eine geheime Wunscherfüllung bedeuten) die Überlegung lohnenswert, ob nicht auch in irgendeiner Weise ein persönlicher Bedarf besteht – nicht an wirklicher Ausweglosigkeit, aber doch an einer

Hingabe, mit der man bereit ist, sich festzulegen. Oft besteht dabei ein Zusammenhang in der Weise, daß man diejenigen Punkte herausfinden muß, wo ein tatsächlicher Bedarf an Endgültigkeit, Festlegung und Verbindlichkeit besteht, um auf der anderen Seite Situationen von unerwünschter und unwürdiger Ausweglosigkeit beenden zu können.

Sturmwind und Atemnot

Wenn »Luft« u. a. stets die Doppelbedeutung von Atemluft und geistiger Energie besitzt, dann sind äußere oder innere Erfahrungen mit Windstürmen jeweils auch als Symbole tobender Gedanken- oder Geisteswelten in Betracht zu ziehen; desgleichen körperliche Atemnot als ein Symbol einer geistigen Luftknappheit (wobei die Luftnot sich je nachdem unterscheidet, ob man mehr Schwierigkeiten hat, neue Luft einzuatmen oder alte Luft auszustoßen). Sturmwind und Atemnot sind zugleich mögliche Steigerungsformen der Verfolgung und der Ausweglosigkeit. Die dazu genannten Zusammenhänge und Verhaltensvorschläge können deshalb hier eine gesteigerte Dringlichkeit erreichen.

Schock- und Alarmzustände

Eine weitere mögliche Steigerung der soeben angesprochenen Erfahrungen stellen Schock- und Alarmzustände im Traum und im Tagesgeschehen dar. Fehlendes Gegenüber, Ausweglosigkeit und Atemnot spitzen sich weiter in Schockerfahrungen zu – und umgekehrt kann ein

Schock in der Vergangenheit die Ursache für eine aktuelle Atemnot, Ausweglosigkeit oder fehlende Beziehung zu einem Gegenüber sein. Bei Schocks werden Teilbereiche des Körpers und der Persönlichkeit abgeschaltet, um die anderen Teile versorgen zu können. Stück für Stück müssen zur gegebenen Zeit die abgeschalteten Funktionen langsam wieder eingeübt werden.

Der Alarmzustand ist wie eine Verfolgung oder ein Sturm, welche/r nicht zuende findet. Der Alarmzustand, der für ausnahmsweise Extremsituationen geeignet ist, greift im Dauerbetrieb das Verständnis für eine persönliche Normalität an und wirkt letztlich wie eine Gehirnwäsche. In den Schock- und Alarmzuständen kulminiert die größte Bedrohung des Zwillings-Typus, nämlich der Verlust von Alternativen. Die Zwillinge brauchen als ihr Lebenselixier Entscheidungsmöglichkeiten und geistige Bewegungsfreiheit. Bei starken Schocks und panikartigem Alarm braucht man Hilfe von anderen – und danach viel Liebe und Aufmerksamkeit für sich, – um zur gegebenen Zeit mit dem eigenen Denken auf neue Art noch einmal zu beginnen, bis ein Selbstverständnis erreicht ist, das auch bei starken Wünschen und Ängsten Alternativen kennt: Welche Wünsche sind persönlich geeignet und welche nicht? Welche Ängste sind persönlich sinnvoll und welche nicht?

Liebe, Tod und Teufel

In Schock- und Alarmzuständen sind auch nützliche Momente enthalten. Beim Schock ist es etwa eine Ruhigstellung und eine Konzentration auf das Wesentliche. Deshalb wird natürlich keine einzige Schock-erfahrung erstrebenswert. Doch auch hier gilt: Je klarer man einen eventuellen geheimen Bedarf an uner-wünschten Erlebnissen erkennt, umso leichter wird man das los, was wirklich *nur* schadet. Beim Alarm sind eine gesteigerte Wachheit sowie eine Verschmelzung vieler persönlicher Einzelinteressen in einer einzigen aktuellen, übergeordneten Zielsetzung als eventuelle Bedarfspunkte zu erwägen.

Jeder Tierkreiszeichen-Typus verfügt über spezielle Streß- und Wachstumsthemen. Für die Zwillinge sind dies Schock und Alarm. Die Begegnung mit diesen Zu-ständen bewirkt (wenn man *Konsequenzen zieht*) eine Unterscheidung der persönlichen Wunsch- und Angst-vorstellungen. Je mehr die Zwillinge an dieser Unter-scheidung arbeiten, können sie schädlichen Streß ver-ringern und auf einem gedeihlichen Wege Blüten sam-meln.

Die Wünsche und Ängste des Zwillings-Typus sind nicht ohne Härten, aber mit Sicherheit auch nicht ohne lohnende Freuden und erreichbare Siege. »Liebe, Tod und Teufel« sind für die Zwillinge in uns besonders nachhaltige und schicksalsträchtige Themen. Die astro-logische Schicksalslinie (Quincunx) stellt die Zwillinge zwischen Steinbock und Skorpion. Nehmen wir für diese Zeichen jeweils die an erster Stelle zugeordnete Tarot-Karte, so ergeben sich: »Die Liebenden« für die Zwillinge, die zwischen »Teufel« (Steinbock) und »Tod« (Skorpion) sich befinden. Also, Leidenschaften und Nöte, Begierden und Verzichte sind den Zwillingen damit nicht zu knapp in ihre Wünsche und Ängste hin-eingelegt.

Dabei ist der Zwillings-Typus von Haus aus gar kein

besonders schicksalsbezogenes Zeichen. Eher umgekehrt: »Schicksal« als eine Erlebnis- und Betrachtungsweise, welche die *Zusammenhänge* für die Vielfalt der Erscheinungen in der Welt sieht und sucht, tritt im astrologischen Kreis erst ab dem Schützen auf, und der Schütze steht den Zwillingen gerade gegenüber. Die Zwillinge sind daher fern davon, für alles und jedes einen roten Schicksalsfaden zu besitzen oder zu erwarten. Ihre Sache ist die Vielfalt und der Unterschied. Dabei begegnen sie aber dem Unfaßbaren, und damit werden sie nicht weniger, nur auf eine andere Art, mit einer größeren Realität konfrontiert als der gegenüberliegende Schütze.

Für die Zwillinge bekommen die Ereignisse in *ihrem* Lebensumfeld, in der Familie, auf der Arbeit, in der Nachbarschaft usw. dieselbe Bedeutung wie für einen Schützen z. B. die ethischen Probleme der Weltgeschichte. Wo der Schütze sich mit Weltanschauungsschulen herumschlägt, setzen die Zwillinge sich zur gleichen Zeit mit den Nachbarn auseinander. Wenn der Schütze mit dem Schicksal zufrieden ist oder hadert, dann befinden sich die Zwillinge mit ihrer Familie in Streit oder in Eintracht.

»Schicksal« tritt für die Zwillinge im Alltag auf. Die großen Themen einschließlich Liebe, Tod und Teufel entscheiden sich für die Zwillinge in 1001 Kleinigkeiten. Deshalb ist es für die Zwillinge wichtig, Wünsche und Ängste genau zu nehmen, auch wenn es sich scheinbar oder tatsächlich nur um Unbedeutendes handelt. –

Traumdeutung heißt für die Zwillinge, die eigenen Gedanken zu verstehen. Indem die Zwillinge sich mit ihren Wünschen und Ängsten *auseinandersetzen*, lernen sie unterscheiden, welche Wünsche und Ängste für sie wesentlich sind und welche nicht. Die Erfüllung geeigneter Wünsche und die Auflösung sinnloser Ängste aber sind der Maßstab für die Fruchtbarkeit der Zwillings-Gedanken.

Der psychologische Begriff des »Unbewußten« ist historisch an die Stelle des (religiösen) »Jenseits« getreten. Spätestens im ersten Drittel des 19. Jahrhunderts verblaßte die Vorstellung von der Seele im Menschen als eigenmächtiger Kraft, die ihrerseits die Verbindung zum Jenseits herstellte. Später füllte das (psychologische) Unbewußte die damit entstandene Lücke. Der Begriff des Unbewußten war ein Fortschritt, weil er das »Jenseits« in jeden Menschen, in jede Handlung und in jeden Traum, der Möglichkeit nach, mit hineinnahm. Er war insofern ein Rückschritt, als für das Jenseits – solange es eine allgemeingültige Vorstellung war – klarere Bilder und Begriffe vorlagen, als für das neue Unbewußte: Das Bild und der Begriff des *Himmels.*

Über die notwendige Unterscheidung der Wünsche und Ängste, die sich als Konsequenz des Zwillings-Denkens ergibt, kommt heute auf eine *neue* Art der »Himmel« wieder ins Spiel. Denn die Unterscheidung der Wünsche und Ängste erlaubt uns, zu erkennen, was wir wirklich (= mit Wirksamkeit, mit Gültigkeit) *wollen* und was nicht. Genau damit aber wird dasjenige zum *Erfahrungs*gegenstand des persönlichen Horizontes, was vormals im glaubensmäßigen Jenseits oder im psychologischen Unbewußten angesiedelt war: Der Himmel. Denn »des Menschen Wille ist sein Himmelreich«.

Traumdeutung bewirkt in diesem Sinne für die Zwillinge eine erweiterte Gültigkeit und eine verbreitete Anwendung ihres spezifischen Charakteristikums, des Denkvermögens, das heißt der Vernunft:

>>Vernunft sei überall zugegen,
Wo Leben sich des Lebens freut.
Dann ist Vergangenheit beständig,
Das Künftige voraus lebendig,
Der Augenblick ist Ewigkeit.<<
(J. W. v. Goethe)

Vorschläge zur Traumbeobachtung

Für das selbständige Verständnis Ihrer Träume (und wenn es nötig ist: auch für die Distanz zu ihnen) sollen folgende Tips und Regeln vorgeschlagen werden.

Alles ist wichtig, so lautet ein erster Grundsatz. Aufmerksam jedes Detail, jeden Zusammenhang beachten. Woran erinnern Sie sich nach dem Traum? Was fühlen Sie im Moment des Gewahrwerdens? Vergessen Sie erst einmal jede Bewertung. Hauptsache, Sie sehen in Ihrer Vorstellung einigermaßen das vor sich, wovon Sie wohl geträumt haben. Hauptsache, Ihr Gefühl und Ihre Empfindungen finden im halb- oder ganzwachen Zustand die Bilder, Eindrücke und Abläufe aus Ihren Träumen wieder.

Führen Sie die Kamera. Sobald Sie Ihre Traumbilder genügend deutlich vor Ihrem geistigen Auge sehen, gehen Sie in die einzelnen Bilder hinein. Stellen Sie sich vor, Sie seien ein Beleuchter, der eine Szene nach unterschiedlichen Richtungen ausleuchtet, oder eine Kamerafrau, die die Szene nacheinander von mehreren Standpunkten aus betrachten kann.

Achten Sie auf Ihre Beobachtungen. Oft passieren in einer Traumsequenz mehrere Handlungen zugleich. Unterschiedliche Argumente, Ereignisse, Gefühle und Taten können gleichzeitig wirken. Versuchen Sie zu unterscheiden. Halten Sie fest, was für Sie wichtig erscheint.

Seien Sie ehrlich sich selber gegenüber. Legen Sie sich Zeugnis davon ab, was Sie im Traum gesagt und getan, gespürt und gedacht haben. Alles ist wichtig. Keine/r kennt Ihren Traum außer Ihnen. Stellen Sie für sich fest, was (Traum-)Sache ist.

Drücken Sie den Ablauf eines Traumes in Ihren Worten aus. Sagen (oder schreiben) Sie sich in Worten und Sätzen die Traumgeschichte auf. Wenn es sein muß, kurz. Aber verzichten Sie nicht darauf.

Speichern Sie Ihren Traum. Merken Sie sich nun Ihren Traum mit seinen Bildern und Eindrücken, mit seinen verschiedenen Szenen und Ihren Beobachtungen. Merken Sie sich die Traumgeschichte, wie Sie sich auch eine Einkaufsliste merken.

Legen Sie Abstand zu Ihrem Traum ein. Sie kennen jetzt Ihren Traum. Stellen Sie sich vor, irgendein guter Freund oder eine gute Freundin hätte ihn just Ihnen erzählt. Wie würden Sie darüber urteilen? Was denken Sie, und was tun Sie unterdessen?

Sammeln Sie Ideen zur Bewertung. Bevor Sie den Traum bewerten, sammeln Sie Ideen, welche Bedeutungen hier vernünftiger- und verrückterweise zutreffen können.

Versuchen Sie die Logik oder Unlogik zu verstehen.
Wenn der Traum insgesamt – mit seinen verschiedenen
Teilen, Brüchen oder Widersprüchen – einen Sinn oder
auch einen bestimmten Unsinn darstellen soll, worin
kann diese Logik oder Unlogik bestehen?

Entscheiden Sie sich für eine geeignete Interpretation.
Kommen Sie zu einer Entscheidung. Was unklar bleibt,
darf unklar bleiben. Nur merken sollten Sie sich dieses.
Gibt es mehrere stimmige Interpretationen, merken Sie
sich diese Stück für Stück, und legen Sie Ihre nächsten
Schritte fest.

Sagen Sie sich Ihre Interpretation. Leise oder laut –
sprechen Sie Ihr Urteil unzweideutig aus.

Stellen Sie (zwei) Aufgaben fest, die sich aus der Interpretation ergeben. Formulieren Sie diese Aufgaben un-
mißverständlich für sich und beginnen Sie mit der Erledigung.

Geben Sie sich Rechenschaft. Legen Sie sich regelmäßig
Rechenschaft ab – über Ihre Traumbilder und Ihre Beobachtungen dazu. Über Ihre Interpretationen (Bedeu-
tungsvorstellungen) und die Erledigung Ihrer persönlichen Aufgaben.

Beziehen Sie sich auf die Reaktionen von Mitmenschen.
Vergegenwärtigen Sie sich Reaktionen von anderen auf
Ihr Verhalten. Lassen Sie diese gelten und beziehen Sie
sie in Ihre Selbst-Rechenschaft mit ein.

Beziehen Sie sich auf Ihre sonstigen Träume und Über-
zeugungen. Beziehen Sie sich bei Interpretation, Anwendung und Überprüfung (Rechenschaft) auf Ihre
früheren oder sonstigen Auffassungen.

Beziehen Sie sich auf Ihre Wünsche und Ängste. Leiden
Sie und lachen Sie. Es tut gut, wenn man weiß, warum
man denkt und warum man träumt: Um mit vollem Bewußtsein Mensch und »Ich« zu sein.

Weitere Hinweise

Umkehrungen und Vertauschungen gehören generell
zum Traumgeschehen. Sie bedeuten, daß jeder erdenk-
liche Zusammenhang in verkehrter Proportion, in ver-
tauschter Abfolge oder verwechselter Wirkungsrich-
tung auftauchen kann. Der Täter erscheint z. B. als
Opfer, oder der Mittelpunkt am Rande, der Hintergrund im Vordergrund, die Zukunft in der Vergangenheit usw. Eine bekannte Szenerie nimmt eine völlig
unbekannte Bedeutung an – Vertrautes findet unter un-
möglichen Umständen statt usw. usw.

Personenaustausch ist ein zentrales Element der
Traumbildung. Jede Person, die im Traum auftritt,
kann
- die sein, für die sie sich ausgibt bzw. als die sie im
  Traum angesehen wird oder
- eine Darstellungsform der eigenen Person der Träu-
  merin oder des Träumers sein oder
- eine dritte Person vertreten oder
- etwas Unpersönliches verkörpern.

Selbst wenn diese Person im Traum ein bekannter Mitmensch ist (Partnerin, Kind, Kollege), kann diese Traumperson dennoch eine Art Verkleidung für die Person der/des Träumenden sein oder an jemand ganz anderen erinnern oder Unpersönliches – z. B. eine Idee – zur Vorstellung bringen.

Personalauswahl. Achten Sie einmal darauf, über eine gewisse Zeit hinweg, wer in Ihren Träumen erscheint. – Sehen Sie sich selbst in voller Lebensgröße in Ihren Träumen? – Wenn sich in Träumen Unangenehmes häuft, wer tritt dabei vorzugsweise auf? Wenn Schönes im Traum auftritt, welche Personen sind da?

Zeitverschiebungen. Jede/r kann sich selbst als Kind, Erwachsene/r und Greis/in im Traum begegnen. Jedes Alter kann der Gegenwart im Traum entsprechen.

Ortsveränderungen. Jede/r kann sich an jedem Ort, von dem er/sie überhaupt Kenntnis hat, im Traum wiederfinden. Jeder Ort im Traum kann symbolisch der tatsächlichen Lage und dem momentanen Standpunkt der/des Träumers/in entsprechen.

Belebung von Unbelebtem. Was die Märchen und der Computer-Bildschirm können – Unbelebtes zum Leben animieren, das machen die Träume wie selbstverständlich auch. Dinge sprechen oder schweigen beredt. Räume erzeugen Spannungsfiguren usw. Ferner hängt mit der Animation von Unbelebtem auch eine Auflösung der üblichen Eigenschaftsmerkmale von allem Möglichen zusammen. Farben erzeugen dann z. B. Klänge, Worte verströmen Gerüche, Pferde beginnen zu fliegen, Fische zu laufen und Vögel zu schwimmen.

»Die Mitte der Nacht ist der Anbruch des Tages«

Märchen
für lebenslustige Zwillings-Typen

Märchen sind für die Zwillinge in uns allen deshalb besonders reizvoll, weil wir hier mitmachen und mitspielen können. Von den Zwillingen heißt es, daß sie »ein Händchen« fürs Schauspielernde, eine flinke Mimik und eine deutliche Gestik mitbringen. Etwas Spannendes und Unerhörtes miterleben, – dabeisein, wenn Geschichten erzählt werden, – und diese auf eigene Weise mit Händen und Füßen nachzuahmen und vorzuführen, das gefällt den Zwillingen typischerweise gut. Also lesen Sie die Märchentexte vielleicht nicht nur im Stillen, lesen Sie sie für sich und andere vor, spielen Sie Szenen der Märchen z.B. beim Abendessen oder beim nächsten Telefonanruf durch. Das Spiel ist eine große Leidenschaft der Zwillinge in uns, und diese sollten wir fördern. Nachdem wir einige Seiten zuvor Goethe vernommen haben, soll in diesem Zusammenhang auch ein Wort seines Zwillingspartners Schillers nicht fehlen, der vor gut 200 Jahren ausführte: »Der Mensch spielt nur, wo er in voller Bedeutung des Wortes Mensch ist, und er ist nur da ganz Mensch, wo er spielt«.

Grimms Märchen

Die »Kinder- und Hausmärchen« der Brüder Grimm erschienen erstmals 1812–14. Das ist etwa die Zeit, in der Goethes »Faust« (1. Teil) und E. T. A. Hoffmanns »Elixiere des Teufels« veröffentlicht wurden. Der Titel »Kinder- und Hausmärchen« ist manchmal im Sinne der Harmlosigkeit mißverstanden worden. Es stimmt sicherlich, daß die Brüder Grimm etliche Märchen so bearbeitet haben, daß manch anstößige Stelle »weggebügelt« wurde. Doch das ist nur ein Aspekt.

Der Titel muß auch so verstanden werden, daß mit der Märchensammlung erstmals Kinderkram und Hausintimitäten eine literarische und sprachliche Bedeutung erhielten. Wie das Volk zur gleichen Zeit um seine Rechte und die Deutschen um ihre nationale Existenz kämpften, so drückt das Lebenswerk der Brüder Grimm auch ein *Ringen um* »*Luft*«, um freien Atem und freie Rede aus. Dafür nahmen die »Märchenonkel« z. B. in Kauf, daß sie wegen Teilnahme am Protest der »Göttinger Sieben« amtsenthoben und ausgewiesen wurden.

Märchen, bis dato nicht druckfähig und in der Schriftwelt daher *sprachlos*, bekamen nun ein Sprachrohr. Wie die einfachen Stände zunehmend Bildung und Wissenschaft für sich einforderten und erwarben, so war die Sammlung und Veröffentlichung der Märchen *auch* ein Akt der Emanzipation.

Der Grund für die Begeisterung, die heute Erwachsene mit Märchen empfinden, liegt wohl besonders darin, daß Märchen eine Form der Psychologie darstellen, bei der man selbst betroffen sein und innerlich miterleben kann – auch und gerade in seelischen Fragen,

bei denen wir noch in den »*Kinder- und Hausschuhen*«
stecken. Märchen schlagen eine Brücke in die Zeit zurück, die im Sinne der Schrift- und Kulturwelt sprachlos
war. Dieser Zusammenhang gilt für die Historie der
Gesellschaft, aber ebenso für die individuelle Geschichte. Auch persönlich gab es und gibt es »sprach-
lose« Zeiten, und in diese und durch diese begleiten uns
die Märchen.

Im folgenden werden zwei Märchen aus der Sammlung
der Brüder Grimm als Geschichten vorgestellt, welche
zugleich typisch für die Zwillingscharakteristik sind. Es
versteht sich, daß es kein zwingendes Verfahren der Zuordnung einzelner Texte zu einem Tierkreiszeichen geben kann. Die Auswahl entspringt der Assoziation des
Verfassers und hat in recht umfangreichen Praxiserfah-
rungen gezeigt, daß sie Sinn macht und Spaß bereitet.
Es folgt nun erstens das Märchen von »Has' und Igel«.
Ein Igelmärchen sollte für die Zwillinge auf jeden Fall
dabei sein. Die Stacheln der Igel sind eine sinnreiche
Entsprechung der Schwerter im Tarot, die bei den Zwil-
lings-Karten so gehäuft vorhanden sind.
  In »Has' und Igel« geht es um ein *Igelpaar*. Im Märchen »Hans mein Igel« spielt ein *Zwitterwesen* (halb
Mensch, halb Igel) die Hauptrolle. Beide Konstellatio-
nen passen daher ausgezeichnet zur Zwillingsthematik.
Weil für »Hans mein Igel« eine schöne, aufschlußreiche
Interpretation bereits von Ingrid Riedel vorliegt (Lite-
raturangabe in den Anmerkungen), fiel die Wahl hier
auf die folgende Geschichte:

Der Hase und der Igel

Diese Geschichte klingt wohl recht lügenhaft, Jungens; aber wahr ist sie doch; denn mein Großvater, von dem ich sie habe, pflegte immer, wenn er so recht behaglich erzählte, dabei zu sagen: »Wahr muß sie doch sein, mein Sohn, sonst könnte man sie ja nicht erzählen.« Die Geschichte hat sich aber so zugetragen:

Es war an einem Sonntagmorgen zur Herbstzeit, just als der Buchweizen blühte, die Sonne war hell am Himmel aufgegangen, der Morgenwind ging warm über die Stoppeln, die Lerchen sangen in der Luft, die Bienen summten im Buchweizen, und die Leute gingen in ihrem Sonntagsstaat zur Kirche, und alle Kreatur war vergnügt, und der Swinegel auch.

Der Swinegel aber stand vor seiner Tür, hatte die Arme übereinandergeschlagen, guckte dabei in den Morgenwind hinaus und brummte ein kleines Liedchen vor sich hin, so gut und so schlecht, wie nun eben am Sonntagmorgen ein Swinegel zu singen pflegt. Wie er nun so vor sich hinsang, fiel ihm auf einmal ein, er könnte auch wohl, während seine Frau die Kinder wüsche und anzöge, ein bißchen ins Feld spazieren und nachsehen, wie seine Steckrüben stünden. Die Steckrüben waren aber dicht bei seinem Hause, und er pflegte mit seiner Familie davon zu essen; darum sah er sie als die seinigen an. Gesagt, getan. Der Swinegel machte die Haustür hinter sich zu und schlug den Weg nach dem Felde ein. Er war noch nicht sehr weit vom Hause fort und wollte just um den Schlehenbusch, der dort vor dem Felde steht, nach dem Steckrübenacker abbiegen, als ihm der Hase begegnete, der in ähnlichen Geschäften ausgegangen war, nämlich, um seinen Kohl zu besehen.

Als der Swinegel des Hasen ansichtig wurde, bot er ihm

einen freundlichen guten Morgen. Der Hase aber, der auf seine Weise ein vornehmer Herr war, und grausam hochfahrend dabei, antwortete nichts auf des Swinegels Gruß, sondern sagte zum Swinegel, wobei er eine gewaltig höhnische Miene aufsetzte: »Wie kommt es denn, daß du hier schon so früh am Morgen im Felde herumläufst?« – »Ich gehe spazieren«, sagte der Swinegel. »Spazieren?« lachte der Hase, »mich deucht, du könntest die Beine auch wohl zu besseren Dingen gebrauchen.« Die Antwort verdroß den Swinegel ungeheuer; denn alles konnte er vertragen, aber auf seine Beine ließ er nichts kommen, eben weil sie von Natur schief waren. »Du bildest dir wohl ein«, sagte nun der Swinegel zum Hasen, »daß du mit deinen Beinen mehr ausrichten kannst?« – »Das denke ich«, sagte der Hase. »Das kommt auf einen Versuch an«, meinte der Swinegel, »ich wette, wenn wir einen Wettlauf machen, laufe ich an dir vorbei.« – »Das ist zum Lachen, du mit deinen schiefen Beinen«, sagte der Hase; »aber meinetwegen mag es sein, wenn du gar so große Lust hast. Was gilt die Wette?« – »Einen goldenen Louisdor und eine Buddel Branntwein«, sagte der Swinegel. »Angenommen«, sprach der Hase, »schlag ein, und dann kann es gleich losgehen.« – »Nein, so große Eile hat es nicht«, meinte der Swinegel, »ich bin noch ganz nüchtern; erst will ich nach Hause gehen und ein bißchen frühstücken; in einer halben Stunde bin ich wieder hier auf dem Platz.«

Damit ging der Swinegel; denn der Hase war es zufrieden. Unterwegs dachte der Swinegel bei sich: »Der Hase verläßt sich auf seine langen Beine; aber ich will ihn schon kriegen. Er ist zwar ein vornehmer Herr, aber doch nur ein dummer Kerl, und bezahlen soll er doch.« Als nun der Swinegel zu Hause ankam, sprach er zu seiner Frau: »Frau, zieh dich schnell an; du mußt mit mir aufs Feld hinaus.« – »Was gibt es denn?« sagte seine Frau. »Ich habe mit dem Hasen gewettet um einen goldenen Louisdor und eine Buddel Branntwein; ich will mit ihm um die Wette laufen, und da sollst du mit dabeisein.« – »O mein Gott, Mann«, fing nun Swinegels Frau an zu jammern, »du bist wohl nicht gescheiht? Hast du denn ganz den Verstand verloren? Wie kannst du mit dem Hasen um die Wette laufen wollen?« – »Halt's Maul, Weib«, sagte der Swinegel, »das ist meine Sache. Misch dich nicht in Männergeschäfte! Marsch, zieh dich an und komm mit!« Was sollte Swinegels Frau machen? Sie mußte wohl folgen, sie mochte nun wollen oder nicht.

Wie sie nun miteinander unterwegs waren, sprach der Swinegel zu seiner Frau: »Nun paß auf, was ich dir sagen will. Siehst du, auf dem langen Acker dort wollen wir unseren Wettlauf machen. Der Hase läuft nämlich in der einen Furche und ich in der anderen, und von oben fangen wir an zu laufen. Nun hast du weiter nichts zu tun, als dich hier unten in die Furche zu stellen, und wenn der Hase auf der anderen Seite ankommt, so rufst du ihm entgegen: ›Ich bin schon hier‹.«

Damit waren sie beim Acker angelangt. Der Swinegel wies seiner Frau den Platz an und ging nun den Acker hinauf. Als er oben ankam, war der Hase schon da. »Kann es losgehen?« sagte der Hase. »Jawohl«, sagte der Swinegel. »Dann also los!« Und damit stellte sich jeder in seine Furche. Der Hase zählte: »Eins, zwei, drei!« und los ging es wie ein Sturmwind den Acker hinunter. Der Swinegel aber lief nur ungefähr drei Schritte, dann duckte er sich in die Furche und blieb ruhig sitzen.

Als nun der Hase in vollem Laufe unten am Acker ankam, rief im Swinegels Frau entgegen: »Ich bin schon hier!« Der Hase stutzte und verwunderte sich nicht wenig!

Er meinte nicht anders, als es wäre der Swinegel selbst, der ihm zurief, denn bekanntlich sieht dem Swinegel seine Frau just so aus wie ihr Mann. Der Hase aber sagte: »Das geht nicht mit rechten Dingen zu.« Er rief: »Nochmal gelaufen, wieder rum!« und fort lief er wieder wie ein Sturmwind, daß ihm die Ohren um den Kopf flogen; dem Swinegel seine Frau aber blieb ruhig auf ihrem Platze. Als nun der Hase oben ankam, rief ihm der Swinegel entgegen: »Ich bin schon hier!« Der Hase aber, ganz außer sich vor Ärger, schrie: »Noch einmal gelaufen, wieder rum!« – »Mir macht das nichts«, antwortete der Swinegel, »meinetwegen, sooft du Lust hast.« So lief der Hase noch dreiundsiebzigmal, und der Swinegel hielt es immer mit ihm aus. Jedesmal, wenn der Hase unten oder oben ankam, sagten der Swinegel oder seine Frau: »Ich bin schon hier.«

Beim vierundsiebzigsten Male aber kam der Hase nicht mehr bis ans Ende. Mitten auf dem Acker stürzte er zur Erde; das Blut schoß ihm aus dem Halse, und er blieb tot auf dem Platze. Der Swinegel aber nahm seinen gewonnenen Louisdor und die Buddel Branntwein, rief seine Frau aus der Furche ab, und beide gingen vergnügt miteinander nach Hause. Und wenn sie nicht gestorben sind, leben sie noch heute.

So begab es sich, daß auf der Buxtehuder Heide der Swinegel den Hasen totlief, und seit jener Zeit hat es sich kein Hase wieder einfallen lassen, mit dem Buxtehuder Swinegel um die Wette zu laufen.

Die Lehre aber aus dieser Geschichte ist erstens, daß keiner, und wenn er sich auch noch so vornehm dünkt, sich beikommen lassen soll, sich über den geringen Mann lustig zu machen, und wenn es auch nur ein Swinegel wäre. Und zweitens, daß es geraten ist, wenn einer freit, daß er sich eine Frau aus seinem Stande nimmt, und eine, die just so aussieht wie er selber. Wer also ein Swinegel ist, der muß zusehen, daß seine Frau auch ein Swinegel ist, und so weiter.

Verdoppelte Ereignisse

Dieses Märchen, das die Brüder Grimm zur 5. Ausgabe von 1843 erstmals in ihre Märchensammlung aufnahmen, geht nach bestätigten Angaben auf alte Überlieferungen zurück. Eine Version davon datiert sogar im 13. Jahrhundert. Diese zeitlichen Rückbezüge machen es auch leichter, Passagen im Text zu ertragen, wo sich heute einer/m die Haare sträuben: »Halt's Maul, Weib… Misch dich nicht in Männergeschäfte!… Sie mußte wohl folgen, sie mochte nun wollen oder nicht«. Apropos Haaresträuben: Das ist ein spürbares Stück von dem Igel-Stachelkleid an uns allen. – Ungewöhnlich an diesem Märchen ist der Erzählrahmen, in dem ein ungenannter Ich-Erzähler und ein Großvater auftreten und wo die übliche Formel »Es war einmal…« fehlt. Für die meisten Teilnehmer/innen eines Seminares und für den Verfasser wirkte das tödliche Ende des Hasens überraschend, und die Art, wie das Märchen davon berichtet – »Das Blut schoß ihm aus dem Halse« und »beide gingen vergnügt miteinander nach Hause« – erschien im Kontext unverhältnismäßig brutal. – Damit sind nun aber Befremdlichkeiten und Vorbehalte gegenüber dem Märchen formuliert; und dies ist eine zweite erkennbare Form des Stachelkleides, das wir alle tragen. – Wenn man selbst keine Erfahrung mit den Igeln als Tiere besitzt, geben die beiden genannten Aspekte – Haare sträuben und Vorbehalte äußern –

einen guten *Einstieg mit persönlichem Bezug* in die Igel-Symbolik.

Zugleich beachten Sie bitte die Entwicklung des Gedankenganges im letzten Abschnitt: Man teilt gewisse Reaktionen mit (z. B. Haaresträuben und Vorbehalte) und meint zunächst, man rede noch *über* die Geschichte. Tatsächlich sind wir insoweit auch schon *in* der Geschichte. Was wir empfinden, wie wir reagieren, dies spiegelt bereits unsere *inhaltliche* Anteilnahme und gibt (erste, spontane) Hinweise auf die persönliche Bedeutung des Märchens. Etwa folgendermaßen: Indem man sich gegen den Umgang von Igel-Mann mit Igel-Frau und gegen deren »unnötige« Brutalität wehrt, identifiziert man sich insoweit mit dem Hasen, dessen Schicksal es ist, von Pontius zu Pilatus zu rennen, *ohne den Zusammenhang* zu bemerken. Indem man sich gegen solche Verhältnisse wehrt, nimmt man zugleich eine Igel-Stellung ein, nämlich die der Abgrenzung und der Verteidigungsbereitschaft. Die »eigentliche« Interpretation des Märchens hat noch gar nicht begonnen, und doch ist man schon mittendrin. Es ist bereits deutlich, was an der Igel-Stachelhaut persönlich ablehnungswürdig und was wünschenswert erscheint.

Generell gilt dieser Zusammenhang: Die scheinbaren »Begleitumstände« einer Interpretation oder einer Symboldeutung können jeweils den gesuchten Inhalt bereits demonstrieren. Alles, was geschieht, während Sie sich mit einem Märchen, einem Traum oder einer Tarot-Karte befassen; alles, was Ihnen dabei ein- und auffällt (auch wenn es scheinbar um ganz andere Dinge geht) – kann jedesmal mit dem Inhalt der betreffenden Symbolgeschichte in Verbindung stehen und insofern zeigen, »wohin der Hase läuft«, d. h. wo die Botschaft der Symbolik für die eigene Person liegt.

Was in diesen Beobachtungen geschieht ist nichts Außergewöhnliches. Man lebt in jedem Moment auf vielen Ebenen (oder an vielen seelischen Orten) gleichzeitig, beobachtet aber nur eine oder wenige dieser Dimensionen. Wir staunen – zurecht –, wenn wir unsere Beobachtungen um die eine oder andere Ebene erweitern. Sigmund Freud (in seiner psychoanalytischen Behandlungstechnik) und C. G. Jung (durch den Begriff der Synchronizität) haben auf diese Verquickung mehrerer gleichzeitiger Handlungs- und Bedeutungsebenen aufmerksam gemacht.

Diese Doppelbödigkeit, oder besser Vielstöckigkeit, aller Ereignisse sind auch als eine Ausprägung des Zwillings-Prinzips zu verstehen: Es gibt immer mehr *als* einen Sachverhalt oder als einen Bezugspunkt. Die zwei wichtigsten Ereignisebenen sind Handlung und Bedeutung. Wenn wir unser Tun und unsere Erklärungsmodelle zueinander in Beziehung setzen, dann werden die Zwillinge in uns komplett.

Ping-Pong-Politik

Zwillingsfiguren sind die beiden sich fast gleichen Igel, das ist klar. Aber auch der Hase tritt im Märchen insoweit als »Zwilling« auf, als er den Zusammenhang (zwischen den Igeln) nicht bemerkt. Zusammenhänge, wie auch der große Zusammenhang »Schicksal«, sind den Zwillingen erst einmal so fremd wie das Zeichen Schütze, das für »Zusammenhänge« im Tierkreis zuständig ist. »Zusammenhänge« müssen die Zwillinge

erkennen lernen, sonst nehmen sie ein ungutes Ende. –
Der Hase gilt im allgemeinen als ein Fruchtbarkeits-
symbol, andererseits aber auch als »Angsthase«. Er tritt
häufig als ein Steinbock-Symbol auf (wie übrigens auch
die Maus, welche wiederum die »echten« Igel – die Igel-
Tiere – verspeisen). Was den Hasen hier den Sieg, den
Wetteinsatz und sogar das Leben kostet, ist die »Ping-
Pong-Diplomatie« der Igel. Eine Eigenschaft der Zwillinge (keinen Zusammenhang zu bemerken) wird durch
eine andere Eigenschaft der Zwillinge (immer etwas
Neues ins Spiel bringen, jeweils auf einen anderen Bezugspunkt ausweichen) besiegt.

Wir wollen die Interpretation nicht zu weit treiben,
aber der Hinweis scheint doch angebracht, daß der an-
onyme Ich-Erzähler sowie der Großvater im Vorspann
des Textes sich ebenso verhalten wie die Igel: Sie spielen
sich die Bälle zu und machen den berechtigten Fragen
der »Jungens« insofern den Garaus. Der Erzähler verweist auf den Großvater, und der Großvater antwortet
auf die (erwartete) Frage nach der Wahrheit mit einer
Gegenfrage bzw. mit einer Erklärung, die gleichsam die
Beweislast umkehrt: Wenn die »Jungens« weiterhin die
Wahrheit der Geschichte in Zweifel ziehen wollten,
müßten sie selbst einen anderslautenden Wahrheitsbe-
weis erbringen und/oder die Argumentation des Groß-
vaters widerlegen.

Wir ahnen, wie man mit solcher Ping-Pong-Politik
jemanden (und nicht zuletzt die »Jungens«, d.h. die Jugend) wahrlich in die Zange zu nehmen vermag; wie die
Zwillinge (in uns allen) mit delikater, aber auch boshaf-
ter Raffinesse jemanden »in der Luft hängen« und zap-
peln lassen können. Unnötig zu wiederholen, daß das
Thema der Ehrlichkeit bzw. der Lüge und des Betruges

den verletzten und *den* verletzenden Punkt bei den Zwillingen darstellt. Die »tiefste Wunde« heißt in der astrologischen Symbolsprache »Saturn«, und Saturn tritt vorzugsweise auch in Gestalt anonymer Mächte – hier als Erzähler – oder eines alten Mannes – hier als Großvater – auf. Diese alten Mächte verkünden jedem Neuling ebenfalls, wie die Igel: »Ich bin schon hier«. In dieser Perspektive ist das Märchen als eine Geschichte des »Scheiterns« zu verstehen. Die Jugend (»Jungens«) und die Fruchtbarkeit (»Hase«) des Neuen laufen sich an der Hinhalte- und Ablenkungstaktik stacheliger, auf Abwehr bedachter Altmächte, welche sich »in die Furche« ducken, zugrunde.

Soweit eine erste Interpretation. Es folgt eine weitere. Bei jedem Märchen gilt, wie bei jeder Tarot-Karte und jedem sonstigen Symbol: Es gibt nicht nur *eine* Bedeutung. In der ersten Interpretation sind die Igel die Bösen. Und in den Zeiten, als die Menschen die Igel noch mehr oder weniger selber kannten, galten diese Tiere tatsächlich zunächst als stachelig und »iggelig«. Ähnlich den Stachelschweinen wurden sie als aggressiv und abstoßend aufgefaßt, die Igel nur kleiner und »gemeiner« als die Stachelschweine. Einige Märchen und andere literarische Texte haben demgegenüber Wert auf die »guten Seiten« der Igel gelegt. In diesem letzten Sinne ist wohl auch die Moral von der Geschicht' zu verstehen, in der es unter erstens heißt, »daß keiner... sich beikommen lassen soll, sich über den geringen Mann lustig zu machen«.

Die Stacheln zeigen

In der zweiten Perspektive des Märchens treten die Igel als »kleine Leute« auf, die als »Schweinigel« verachtet werden. Ihre Stärke ist der Zusammenhalt – auch über eine große Distanz hinweg. Denn »der lange Acker« ist für die Igel wohl eine weite Strecke. Ihre Absprache – trotz anfänglicher Differenzen – besiegt den höhnischen großen Herren, »der auf seine Weise ein vornehmer Herr war, und grausam hochfahrend dabei«. Die List, welche den Sieg ermöglicht, bedeutet weniger einen »Trick«, als vielmehr eine Art neuer Ganzheit, einen Sprung zu einem erweiterten Selbstverständnis. Die Igel treten nämlich nicht mehr alleine, sondern doppelt an. Ebenso setzen sie ihre Stacheln nicht bloß zur Abwehr ein, sondern sie gehen zum Angriff über in dem Moment, wo die Wette ausgedacht und angeboten wird. Um aber ihre Stacheln zum *Angriff* zu nutzen, können sie nicht direkt (mit Sticheleien und Stichen) vorgehen, sondern nur auf einer übertragenen Ebene, eben in der neuen »Doppelstrategie«. Das reicht, die Strategie bewährt sich und wird in der Moral Nummer zwei am Ende der Geschichte auch als Heiratsstrategie vorgeschlagen. Die kleinen Leute verteidigen ihre Ehre und sind, so gesehen, mit Recht vergnügt.

Die Stacheln der Igel passen nicht nur zu den Schwertern des Tarot. Der Stachel stellt auch ein Kennzeichen des Zeichens Skorpion dar. Die Definition des Zeichens Skorpion lautet: »Ich begehre«. Von der stacheligen Abwehr und von der Einigelei also abzugehen und zum Angriff zu wechseln, von einer Politik der Beharrung zu einer solchen des *Begehrens* – damit hat der Hase nicht gerechnet. Im Unterschied zur ersten Interpretation sieht *er* diesmal »alt« aus. Diesmal weiß selbst der Hase nicht, was läuft – weil die Igel endlich das auf einer übertragenen Ebene zur Geltung bringen, was sie immer schon gewesen sind: Sie sind im Wortsinne *unfaßbar*.

Das zweite Märchen für die Zwillinge führt uns nun in die Lüfte, zum »goldenen Vogel«. Nachdem wir mit den Igeln das Reich der Erde erkundet haben, wenden wir uns dem Himmel zu, um die ganze Spannbreite der Zwillings-Landschaft zu erschließen. Betrachten Sie dazu (noch einmal) die Tarot-Karten der »Liebenden« (s. S. 50) Wenn der folgende Text von einem Lustgarten spricht, ist damit auch der Inhalt dieser Bilder gemeint. Der Held des folgenden Märchens gleicht dabei, wenn er zum Pfeil greift, dem kleinen Amor auf denselben Bilddarstellungen.

Beachten Sie bei der Lektüre des Märchens auch den Zusammenhang zu der Jahreszeit des Zeichens Zwillinge. Am Ende der Zwillings-Zeit (ca. 21. Juni eines Jahres) findet die Sommersonnenwende statt. Es ist die Zeit (in nördlichen Breiten), wo der Tag in die Nacht hineinreicht und die Sonne gleichsam am längsten zu Gast ist. Diese reiche Sonne begegnet uns im Märchen in Gestalt des vielfältigen Goldes.

Der goldene Vogel

Es war vor Zeiten ein König, der hatte einen schönen Lustgarten hinter seinem Schloß, darin stand ein Baum, der goldene Äpfel trug. Als die Äpfel reiften, wurden sie gezählt, aber gleich den nächsten Morgen fehlte einer. Das ward dem König gemeldet, und er befahl, daß alle Nächte unter dem Baume Wache sollte gehalten werden. Der König hatte drei Söhne, davon schickte er den ältesten bei einbrechender Nacht in den Garten; wie es aber Mitternacht war, konnte er sich des Schlafes nicht erwehren, und am nächsten Morgen fehlte wieder ein Apfel. In der folgenden Nacht mußte der zweite Sohn wachen, aber dem erging es nicht besser; als es zwölf Uhr geschlagen hatte, schlief er ein, und morgens fehlte ein Apfel. Jetzt kam die Reihe zu wachen an den dritten Sohn, der war auch bereit; aber der König traute ihm nicht viel zu und meinte, er würde noch weniger ausrichten als seine Brüder; endlich gestattete er es doch. Der Jüngling legte sich also unter den Baum, wachte und ließ den Schlaf nicht Herr werden. Als es zwölf schlug, so rauschte etwas durch die Luft, und er sah im Mondschein einen Vogel daherfliegen, dessen Gefieder ganz von Gold glänzte. Der Vogel ließ sich auf dem Baume nieder und hatte eben einen Apfel abgepickt, als der Jüngling einen Pfeil nach ihm abschoß. Der Vogel entflog, aber der Pfeil hatte sein Gefieder getroffen, und eine seiner goldenen Federn fiel herab. Der Jüngling hob sie auf, brachte sie am anderen Morgen dem König und erzählte ihm, was er in der Nacht gesehen hatte. Der König versammelte seinen Rat, und jedermann erklärte, eine Feder wie diese sei mehr wert als das gesamte Königreich. »Ist die Feder so kostbar«, erklärte der König, »so hilft mir auch die eine nichts, sondern ich will und muß den ganzen Vogel haben.«

Der älteste Sohn machte sich auf den Weg, verließ sich auf seine Klugheit und meinte den goldenen Vogel schon zu finden. Wie er eine Strecke gegangen war, sah er an dem Rande eines Waldes einen Fuchs sitzen, legte seine Flinte an und zielte auf ihn. Der Fuchs rief: »Schieß mich nicht, ich will dir dafür einen guten Rat geben. Du bist auf dem Weg nach dem goldenen Vogel und wirst heut abend in ein Dorf

118

kommen, wo zwei Wirtshäuser einander gegenüberstehen. Eins ist hell erleuchtet, und es geht darin lustig her; da kehr aber nicht ein, sondern geh ins andere, wenn es dich auch schlecht ansieht.« – Wie kann mir wohl so ein albernes Tier einen vernünftigen Rat erteilen! dachte der Königssohn und drückte los, aber er fehlte den Fuchs, der den Schwanz streckte und schnell in den Wald lief. Darauf setzte er seinen Weg fort und kam abends in das Dorf, wo die beiden Wirtshäuser standen: in dem einen ward gesungen und gesprungen, das andere hatte ein armseliges betrübtes Ansehen. Ich wäre wohl ein Narr, dachte er, wenn ich in das lumpige Wirtshaus ginge und das schöne liegenließ. Also ging er in das lustige ein, lebte da in Saus und Braus und vergaß den Vogel, seinen Vater und alle guten Lehren.

Als eine Zeit verstrichen und der älteste Sohn immer und immer nicht nach Hause gekommen war, so machte sich der zweite auf den Weg und wollte den goldenen Vogel suchen. Wie dem ältesten begegnete ihm der Fuchs und gab ihm den guten Rat, den er nicht achtete. Er kam zu den beiden Wirtshäusern, wo sein Bruder am Fenster des einen stand, aus dem der Jubel erschallte, und ihn anrief. Er konnte nicht widerstehen, ging hinein und lebte nur seinen Lüsten.

Wiederum verstrich eine Zeit, da wollte der jüngste Königssohn ausziehen und sein Heil versuchen, der Vater aber wollte es nicht zulassen. »Es ist vergeblich«, sprach er, »der wird den goldenen Vogel noch weniger finden als seine Brüder, und wenn ihm ein Unglück zustößt, so weiß er sich nicht zu helfen; es fehlt ihm am Besten.« Doch endlich, wie keine Ruhe mehr da war, ließ er ihn ziehen. Vor dem Walde saß wieder der Fuchs, bat um sein Leben und erteilte den guten Rat. Der Jüngling war gutmütig und sagte: »Sei ruhig, Füchslein, ich tue dir nichts zu leid.« –

»Es soll dich nicht gereuen«, antwortete der Fuchs, »und damit du schneller fortkommst, so steig hinten auf meinen Schwanz.« Und kaum hatte er sich aufgesetzt, so fing der Fuchs an zu laufen, und da ging's über Stock und Stein, daß die Haare im Winde pfiffen. Als sie zu dem Dorfe kamen, stieg der Jüngling ab, befolgte den guten Rat und kehrte, ohne sich umzusehen, in das geringe Wirtshaus ein, wo er ruhig übernachtete. Am anderen Morgen, wie er auf das Feld kam, saß da schon der Fuchs und sagte: »Ich will dir weiter sagen, was du zu tun hast. Geh du immer geradeaus, endlich wirst du an ein Schloß kommen, vor dem eine ganze Schar Soldaten liegt, aber kümmre dich nicht darum, denn sie werden alle schlafen und schnarchen: geh mittendurch und geradewegs in das Schloß hinein, und geh durch alle Stuben; zuletzt wirst du in eine Kammer kommen, wo ein goldener Vogel in einem hölzernen Käfig hängt. Nebenan steht ein leerer Goldkäfig zum Prunk, aber hüte dich, daß du den Vogel nicht aus seinem schlechten Käfig herausnimmst und in den prächtigen tust, sonst möchte es dir schlimm ergehen.« Nach diesen Worten streckte der Fuchs wieder seinen Schwanz aus, und der Königssohn setzte sich auf; da ging's über Stock und Stein, daß die Haare im Winde pfiffen. Als er bei dem Schloß angelangt war, fand er alles so, wie der Fuchs gesagt hatte. Der Königssohn kam in die Kammer, wo der goldene Vogel in einem hölzernen Käfig saß, und ein goldener stand daneben; die drei goldenen Äpfel aber lagen in der Stube umher. Da dachte er, es wäre lächerlich, wenn er den schönen Vogel in dem gemeinen und häßlichen Käfig lassen wollte, öffnete die Türe, packte ihn und setzte ihn in den goldenen. In dem Augenblick aber tat der Vogel einen durchdringenden Schrei. Die Soldaten erwachten, stürzten herein und führten ihn ins

Gefängnis. Den andern Morgen wurde er vor ein Gericht gestellt und, da er alles bekannte, zum Tode verurteilt. Doch sagte der König, er wollte ihm unter einer Bedingung das Leben schenken, wenn er ihm nämlich das goldene Pferd brächte, welches noch schneller liefe als der Wind, und dann sollte er obendrein zur Belohnung den goldenen Vogel erhalten.

Der Königssohn machte sich auf den Weg, seufzte aber und war traurig, denn wo sollte er das goldene Pferd finden? Da sah er auf einmal seinen alten Freund, den Fuchs, an dem Wege sitzen. »Siehst du«, sprach der Fuchs, »so ist es gekommen, weil du mir nicht gehört hast. Doch sei guten Mutes, ich will mich deiner annehmen und dir sagen, wie du zu dem goldenen Pferd gelangst. Du mußt geraden Weges fortgehen, so wirst du zu einem Schloß kommen, wo das Pferd im Stalle steht. Vor dem Stall werden die Stallknechte liegen, aber sie werden schlafen und schnarchen, und du kannst geruhig das goldene Pferd herausführen. Aber eins muß du in acht nehmen: leg ihm den schlechten Sattel von Holz und Leder auf und ja nicht den goldenen, der dabeihängt, sonst wird es dir schlimm ergehen.« Dann streckte der Fuchs seinen Schwanz aus, der Königssohn setzte sich auf und es ging fort über Stock und Stein, daß die Haare im Winde pfiffen. Alles traf so ein, wie der Fuchs gesagt hatte; er kam in den Stall, wo das goldene Pferd stand. Als er ihm aber den schlechten Sattel auflegen wollte, so dachte er: Ein so schönes Tier wird verschändet, wenn ich ihm nicht den guten Sattel auflege, der ihm gebührt. Kaum aber berührte der goldene Sattel das Pferd, so fing es an, laut zu wiehern. Die Stallknechte erwachten, ergriffen den Jüngling und warfen ihn ins Gefängnis. Am anderen Morgen wurde er vom Gerichte zum Tode verurteilt, doch versprach ihm der König das Leben zu schenken und dazu das goldene Pferd,

wenn er die schöne Königstochter vom goldenen Schlosse
herbeischaffen könnte.

Mit schwerem Herzen machte sich der Jüngling auf den
Weg, doch zu seinem Glücke fand er bald den treuen
Fuchs. »Ich sollte dich nur deinem Unglück überlassen«,
sagte der Fuchs, »aber ich habe Mitleiden mit dir und will
dir noch einmal aus deiner Not helfen. Dein Weg führt dich
gerade zu dem goldenen Schlosse: abends wirst du anlan-
gen, und nachts, wenn alles still ist, dann geht die schöne
Königstochter ins Badehaus, um da zu baden. Und wenn
sie hineingeht, so spring auf sie zu und gib ihr einen Kuß,
dann folgt sie dir, und du kannst sie mit dir fortführen; nur
dulde nicht, daß sie vorher von ihren Eltern Abschied
nimmt, sonst kann es dir schlimm ergehen.« Dann streckte
der Fuchs seinen Schwanz, der Königssohn setzte sich auf,
und so ging es über Stock und Stein, daß die Haare im
Winde pfiffen. Als er beim goldenen Schloß ankam, war es
so, wie der Fuchs gesagt hatte. Er wartete bis um Mitternacht; als alles in tiefem Schlaf lag und die schöne Jungfrau
ins Badehaus ging, da sprang er hervor und gab ihr einen
Kuß. Sie sagte, sie wollte gerne mit ihm gehen, bat ihn aber
flehentlich und mit Tränen, er möchte ihr erlauben, vorher
von ihren Eltern Abschied zu nehmen. Er widerstand an-
fänglich ihren Bitten; als sie aber immer mehr weinte und
ihm zu Fuß fiel, so gab er endlich nach. Kaum aber war die
Jungfrau zu dem Bette ihres Vaters getreten, so wachte er
und alle anderen, die im Schloß waren, auf, und der Jüngling ward festgehalten und ins Gefängnis gesetzt.

Am andern Morgen sprach der König zu ihm: »Dein
Leben ist verwirkt, und du kannst bloß Gnade finden,
wenn du den Berg abträgst, der vor meinen Fenstern liegt
und über welchen ich nicht hinaussehen kann, und das
mußt du binnen acht Tagen zustande bringen. Gelingt dir

das, so sollst du meine Tochter zur Belohnung haben.« Der Königssohn fing an, grub und schaufelte, ohne abzulassen; als er aber nach sieben Tagen sah, wie wenig er ausgerichtet hatte und alle seine Arbeit so gut wie nichts war, so fiel er in große Traurigkeit und gab alle Hoffnung auf. Am Abend des siebenten Tages aber erschien der Fuchs und sagte: »Du verdienst nicht, daß ich mich deiner annehmen, aber geh nur hin und lege dich schlafen, ich will die Arbeit für dich tun.« Am anderen Morgen, als er erwachte und zum Fenster hinaussah, so war der Berg verschwunden. Der Jüngling eilte voll Freude zum König und meldete ihm, daß die Bedingung erfüllt wäre, und der König mochte wollen oder nicht, er mußte Wort halten und ihm seine Tochter geben.

Nun zogen die beiden zusammen fort, und es währte nicht lange, so kam der treue Fruchs zu ihnen. »Das Beste hast du zwar«, sagte er, »aber zu der Jungfrau aus dem goldenen Schloß gehört auch das goldene Pferd.« — »Wie soll ich das bekommen?« fragte der Jüngling. »Das will ich dir sagen«, antwortete der Fuchs, »zuerst bring dem König, der dich nach dem goldenen Schlosse geschickt hat, die schöne Jungfrau. Da wird unerhörte Freude sein, sie werden dir das goldene Pferd gerne geben und werden dir's vorführen. Setz dich alsbald auf und reiche allen zum Abschied die Hand herab, zuletzt der schönen Jungfrau, und wenn du sie gefaßt hast, so zieh sie mit einem Schwung hinauf und jage davon: und niemand ist imstande, dich einzuholen, denn das Pferd läuft schneller als der Wind.«

Alles wurde glücklich vollbracht, und der Königssohn führte die schöne Jungfrau auf dem goldenen Pferde fort. Der Fuchs blieb nicht zurück und sprach zu dem Jüngling: »Jetzt will ich dir auch zu dem goldenen Vogel verhelfen. Wenn du nahe bei dem Schlosse bist, wo sich der Vogel befindet, so laß die Jungfrau absitzen, und ich will sie in meine Obhut nehmen. Dann reit' mit dem goldenen Pferd in den Schloßhof; bei dem Anblick wird große Freude sein, und sie werden dir den goldenen Vogel herausbringen. Wie du den Käfig in der Hand hast, so jage zu uns zurück und hole dir die Jungfrau wieder ab.« Als der Anschlag geglückt war und der Königssohn mit seinen Schätzen heimreiten wollte, so sagte der Fuchs: »Nun sollst du mich für meinen Beistand belohnen.« – »Was verlangst du dafür?« fragte der Jüngling. »Wenn wir dort in den Wald kommen, so schieß mich tot und hau mir Kopf und Pfoten ab.« – »Das wäre eine schöne Dankbarkeit«, sagte der Königssohn, »das kann ich dir unmöglich gewähren.« Sprach der Fuchs: »Wenn du es nicht tun willst, so muß ich dich verlassen; ehe ich aber fortgehe, will ich dir noch einen guten Rat geben. Vor zwei Stücken hüte dich, kauf kein Galgenfleisch und setze dich an keinen Brunnenrand.« Damit lief er in den Wald.

Der Jüngling dachte: Das ist ein wunderliches Tier, das seltsame Grillen hat. Wer wird Galgenfleisch kaufen! Und die Lust, mich an einen Brunnenrand zu setzen, ist mir noch niemals gekommen. Er ritt mit der schönen Jungfrau weiter, und sein Weg führte ihn wieder durch das Dorf, in welchem seine beiden Brüder geblieben waren. Da war großer Auflauf und Lärmen, und als er fragte, was da los wäre, hieß es, es sollten zwei Leute aufgehängt werden. Als er näher hinzukam, sah er, daß es seine Brüder waren, die allerhand schlimme Streiche verübt und all ihr Gut vertan hatten. Er fragte, ob sie nicht könnten freigemacht werden. »Wenn Ihr für sie bezahlen wollt«, antworteten die Leute; »aber was wollt Ihr an die schlechten Menschen Euer Geld hängen und sie loskaufen.« Er besann sich aber nicht, zahlte für sie, und als sie freigegeben waren, so setzten sie die Reise gemeinschaftlich fort.

Sie kamen in den Wald, wo ihnen der Fuchs zuerst begegnet war, und da es darin kühl und lieblich war und die Sonne heiß brannte, so sagten die Brüder: »Laßt uns hier an dem Brunnen ein wenig ausruhen, essen und trinken.« Er willigte ein, und während des Gesprächs vergaß er sich, setzte sich an den Brunnenrand und versah sich nichts Arges. Aber die beiden Brüder warfen ihn rückwärts in den Brunnen nahmen die Jungfrau, das Pferd und den Vogel und zogen heim zu ihrem Vater. »Da bringen wir nicht bloß den goldenen Vogel«, sagten sie, »wir haben auch das goldene Pferd und die Jungfrau von dem goldenen Schlosse erbeutet.« Da war große Freude, aber das Pferd fraß nicht, der Vogel pfiff nicht, und die Jungfrau, die saß und weinte.

Der jüngste Bruder war aber nicht umgekommen. Der Brunnen war zum Glück trocken, und er fiel auf weiches Moos, ohne Schaden zu nehmen, konnte aber nicht wieder heraus. Auch in dieser Not verließ ihn der treue Fuchs nicht, kam zu ihm herabgesprungen und schalt ihn, daß er seinen Rat vergessen hätte. »Ich kann's aber doch nicht lassen«, sagte er, »ich will dir wieder an das Tageslicht helfen.« Er sagte ihm, er solle seinen Schwanz anpacken und sich fest daran halten, und zog ihn dann in die Höhe. »Nun bist du nicht aus aller Gefahr«, sagte der Fuchs, »deine Brüder waren deines Todes nicht gewiß und haben den Wald mit Wächtern umstellt, die sollen dich töten, wenn du dich sehen ließest.« Da saß ein armer Mann am Weg, mit dem vertauschte der Jüngling die Kleider und gelangte auf diese Weise an des Königs Hof. Niemand erkannte ihn, aber der Vogel fing an zu pfeifen, das Pferd fing an zu fressen, und die schöne Jungfrau hörte Weinens auf. Der König fragte verwundert: »Was hat das zu bedeuten?« Da sprach die Jungfrau: »Ich weiß es nicht, aber ich war so traurig, und nun bin ich so fröhlich. Es ist mir, als wäre mein rechter Bräutigam gekommen.« Sie erzählte ihm alles, was geschehen war, obgleich die andern Brüder ihr den Tod angedroht hatten, wenn sie etwas verraten würde. Der König hieß alle Leute vor sich bringen, die in seinem Schloß waren; da kam auch der Jüngling als ein armer Mann in seinen Lumpenkleidern, aber die Jungfrau erkannte ihn gleich und fiel ihm um den Hals. Die gottlosen Brüder wurden ergriffen und hingerichtet, er aber ward mit der schönen Jungfrau vermählt und zum Erben des Königs bestimmt.

Aber wie ist es dem armen Fuchs ergangen? Lange danach ging der Königssohn einmal wieder in den Wald, da begegnete ihm der Fuchs und sagte: »Du hast nun alles, was du dir wünschen kannst; aber mit meinem Unglück will es kein Ende nehmen, und es steht doch in deiner Macht, mich zu erlösen«, und abermals bat er flehentlich, er möchte ihn totschießen und ihm Kopf und Pfoten abhauen. Also tat er's, und kaum war es so geschehen, so verwandelte sich der Fuchs in einen Menschen und war niemand anders als der Bruder der schönen Königstochter, der endlich von dem Zauber, der auf ihm lag, erlöst war. Und nun fehlte nichts mehr zu ihrem Glück, solange sie lebten.

Aller guten Dinge drei

Zu den Techniken der Märcheninterpretation, auf die Marie-Luise von Franz und andere Autor/inn/en aus der C. G. Jung-Schule hingewiesen haben, gehört es, die Personen am Anfang und am Ende der Geschichte zu zählen. Das Zählen (im Sinne des Abzählens) ist eine typische Tätigkeit der Zwillinge, denn zu den Charakteristika dieses Zeichen »zählt es«, für Unbekanntes

Ausdrücke und somit u. a. Zahlen zu finden. Am Anfang dieses Märchens wird auch sogleich gezählt – nämlich die Anzahl der Äpfel. Es sind drei Äpfel, die der Vogel insgesamt mitnimmt. Drei Brüder treten zu Beginn der Geschichte auf, am Ende sind es wieder drei: Der Jüngling, der zum Erben des Königs geworden ist, dessen Frau und deren Bruder. Natürlich treten noch weitere Personen auf, doch diese bleiben sich in diesem Märchen gleich. Die drei Brüder aber verwandeln sich im Laufe der Ereignisse in die neue Dreiheit, welche für den Jüngling bedeutet, daß er seine Frau und einen verwandten Freund gewinnt. Für die schöne Königstochter stellt sich das Ergebnis so dar, daß sie Mann und Bruder (wieder-) erhält. Für den Fuchs schließlich bedeutet die eingetretene Verwandlung seine Erlösung und die Aufhebung seiner Sonderexistenz.

Eins und eins zusammenzählen

Eins und eins zusammenzuzählen, ist eine Stärke der Zwillinge, die sie unbedingt kultivieren sollten. Denn es ist gar nicht leicht, eins und eins zusammenzubringen. Das wissen Sie, ebenso wie der Verfasser, sicherlich aus Erfahrung. Die beiden älteren Brüder schaffen es nicht, ihren Willen zu wachen plus ihr Schlafbedürfnis auf einen Nenner zu bringen. Deshalb geht deren Nachtwache schlecht aus und nicht nur die Wache im Schloß des Königs, sondern alles, was sie anfangen. Anstatt aufzumerken, wenn schon ein Fuchs am Waldrand zu ihnen spricht, verbuchen sie diese Begegnung als Albernheit und schießen los. Sie haben nicht weit genug gedacht.

Zusammenzählen, zusammenbringen ist ein anderer Ausdruck für *denken*. Wir alle kennen das Wort von Rene Descartes »Cogito ergo sum« – Ich denke also bin ich. Diese *cogito* (ich denke) ist eine Form des lateinischen *co-agitare* (das zu cogitare verkürzt wird), und co-agitare heißt soviel wie co-agitieren, immer wieder co-agieren, wiederholt etwas zusammen tun oder zusammentun, zusammen(-)bringen, zusammen(-)fassen.

Eins und eins zusammenzählen heißt denken, und *das* kann der jüngere dritte Bruder. Insofern ist der Charakter, den er im Laufe des Märchens zu erkennen gibt, auch eine Parabel für das Verhalten der Zwillinge, deren Tierkreis-Definition eben lautet: »Ich denke«.

Der junge Mann hat jedoch ein Problem: »Es fehlt ihm am Besten«. Erst als der Jüngling die Königstochter abgeholt hat, wird ihm gesagt: »Das Beste hast Du zwar...« Die Geschichte braucht dann noch einige Textseiten, bis es im Schlußsatz heißt: »Und nun fehlte nichts mehr«. Wenn wir nun noch einmal eins und eins addieren, so ist das Denken die besondere Stärke des Helden der Geschichte. Aber derselbe Charakter, dessen Stärke eben das Denken ist, bringt einen Mangel mit sich: Es fehlt am Besten. Der Stärke des Denkens steht eine Schwäche des Besten gegenüber. Was bedeutet dies?

Der Jüngling besitzt eine Schwäche für das Beste. Nur das Beste ist ihm gut genug, wie sich in jedem der drei folgenden Schlösser zeigt. Ohne den Fuchs wäre der Held mit dieser seiner Einstellung im Laufe der Handlung mindestens dreimal hingerichtet worden. – Zugleich ist es das Denken, das überhaupt dazu verhilft, einen Mangel oder ein Problem zu registrieren. Das Abzählen am Apfelbaum führt zur Feststellung,

128

daß ein Apfel fehlt. Ohne Feststellung des Mangels keine persönliche Begegnung mit dem goldenen Vogel und dem, was dahinter liegt.

Goldener Vogel, goldenes Pferd und Königstochter vom goldenen Schloß

Ein Vogel stellt ein Symbol des Geistes und der Gedanken dar. Er ist ein Zeichen der Freiheit und der Unerreichbarkeit. Schließlich darf man nicht vergessen, seit wann erst wir Menschen fliegen können. Was heute in Wirklichkeit machbar ist, war durch Jahrtausende hindurch ja ein traumhaftes Märchen und, praktisch gesehen, unerreichbar. Vögel stellen einen Schimpf dar (»einen Vogel haben«). Sie verkörpern traditionell aber auch einen Boten oder eine Botschaft Gottes, insoweit sind sie den Engeln oder anderen Götterboten, wie dem Merkur/Hermes, zu vergleichen. In der altgriechischen Mythologie sind die Vögel u. a. Attribute des Gottes Eros (= lateinisch Amor) des Liebesgottes. Sie geben ein Sinnbild für die befreiende und die unfaßbare Wirkung der Liebe. Sie symbolisieren das beflügelnde Geheimnis, daß die Höhenflüge und die Ekstasen des Menschen Zeugnisse des »Himmels« sind.

Ein Pferd bedeutet den unwillkürlichen Bewegungsdrang, die Triebnatur, den Körper und die Sexualkraft. Pferde symbolisieren etwas ähnliches wie das, welches wir heute als Motorkraft, Motorik, Motive und Motivation kennen. Auch die E-motion, die Lebenskraft und das Ahnungsvermögen finden im Pferd ein Sinnbild. Das Pferd war historisch ein Tier, das dem Menschen besonders nah und vertraut war.

Die Königstochter wird im Märchen, außer der Erwähnung ihrer Schönheit, nicht weiter beschrieben, so daß auch an ihr nicht eine individuelle, sondern eine symbolische Bedeutung sich offenbart. Junge Frauen und Mädchen stellen traditionellerweise ein Sinnbild der Seele dar. Auch der Mond ist ein Symbol des Seelenlebens, und insofern war die Königstochter schon in der Nacht unter dem Apfelbaum bei ihrem späteren Mann, denn dieser »sah im *Mondschein* einen Vogel daherfliegen«.

Wenn wir nun die drei Wesen, die der Jüngling auf seiner Reise abholt, zusammenzählen und deren symbolische Bedeutung jeweils hinzunehmen, so gelangen wir zu dem Ergebnis: Es sind Körper, Geist und Seele. Diese besitzt er bereits – sonst könnte er sich nicht auf den Weg machen. Aber indem er *seinen* Weg geht, »vergoldet« er Körper, Geist und Seele. Die goldenen Seiten oder die goldenen Wirklichkeiten von Körper, Geist und Seele sind ihm am Anfang seiner Reise unbekannt.

Gold ist ein Wahrzeichen der Sonne und bedeutet Lebensmitte, Glück und Begeisterung sowie – infolgedessen – Reichtum und »Ewigkeit«. Mit dem Gold kommt ein viertes Element hinzu, das bei der alleinigen Verbindung von Körper, Geist und Seele noch fehlen würde.

Gemäß der Lehre von den vier Elementen stehen Erde für den *Körper*, Luft für den *Geist* und Wasser für die *Seele*. Das vierte Element, das nun noch fehlt, ist das *Feuer*, für welches sowohl die Sonne wie das Gold ein Zeichen sind. Feuer bedeutet aber v. a. *Wille*, Lebensenergie, Lebenslust und Leidenschaft sowie Zeugungs-, Schaffens- und Gestaltungskraft. So gesehen, ist der goldene Vogel ein »Feuervogel«. Das Feuer jedenfalls ist das vierte Element, das dem denkenden Jüngsten noch fehlt.

Wenn sein Vater über ihn sagt: »Es fehlt ihm am Besten«, so ist also für den König Feuer das Beste. (Dies
entspricht u.a. der Tarot-Symbolik, wo *die* Königs-
figur, die Karte »Der Herrscher«, dem Widder und damit dem Feuer zugeordnet ist und in vielen Darstellun-
gen übrigens auch einen goldenen Apfel zeigt.) Weil
dem Königssohn das Feuer und d.h. auch Selbstbehauptung und Durchsetzungskraft fehlen, ist es nur
konsequent, wenn der König ihm wenig zutraut. Doch
er hat seine Rechnung ohne den Fuchs gemacht.

Ein guter Fuchs macht sich überflüssig

Jeder Mensch ist, symbolisch gesprochen, mit den vier
Elementen Feuer, Wasser, Luft und Erde ausgestattet.
Beim »Magier« (vgl. S. 58 ff.) ist davon die Rede, daß
Studium und Erprobung *aller* vier Elemente die Basis
für die Zauberkraft der persönlichen Individualität
darstellen. C. G. Jung nennt die vier Elemente »die vier
psychischen Grundfunktionen«, an anderer Stelle auch
die Bewußtseins-Funktionen oder die vier psychischen
Hauptfunktionen. Dabei stellt C. G. Jung die Regel auf,
daß gewöhnlich eine Stufenfolge in der persönlichen
Vertrautheit mit den einzelnen Elementen besteht. Es
gibt also jeweils ein Element, das man besonders gut
kann und kennt. Ein weiteres existiert, für welches eine
abgeschwächte Vertrautheit gegeben ist. Ein drittes Element akzeptiert und beherrscht man in Ansätzen. Und
ein viertes Element kennt man so gut wie gar nicht. Dieses gerät am ehesten und am ausdauerndsten in Verges-
senheit. Dieses letzte Element heißt »inferiore Funktion« (Unterfunktion, Schwachstelle). Welches der vier

Elemente welchen Platz auf der Stufenfolge einnimmt, ist individuell unterschiedlich. Welche *Bedeutung* aber die unterentwickelte Seite der eigenen Person besitzt, zeigt der Fuchs exemplarisch.

Der Fuchs ist eine Verkörperung des Feuers, das dem dritten Königssohn noch fehlt. Das rote Fuchsfell macht den Bezug zum Feuer deutlich. Der Fuchs symbolisiert die Feuer-Qualität der Intuition, die bei unerwarteten Problemen Rat schafft. Intuition ist die Kraft des Instinktes und die Logik der persönlichen Selbstverständlichkeiten.

Der *gestreckte* Fuchsschwanz ist ein Phallussymbol und entspricht der Zeugungskraft des Feuers. Er erinnert, weil er zu einem Ritt verhilft »über Stock und Stein, daß die Haare im Wind pfiffen«, auch an einen Zauberbesen der Hexen. Dabei kann der Hexenbesen auch wieder ein Phallussymbol sein und/oder ein Zauberstab, der einen individuellen Umgang mit den Kräften der vier Elemente bedeutet.

Der Fuchs als reales Tier ist bekannt für seine *Scheu.* Diese besitzt wesentlichen Anteil an seinem sprichwörtlichen Ruf der List und der Schlauheit. Nun heißt es aber gerade vom Feuer: »Gebranntes Kind *scheut* das Feuer«. Demnach läßt sich die innere Verfassung des Königssohns so erklären, daß er zugleich ein Übermaß und einen Mangel an Feuer besitzt. Das Übermaß besteht in erlittenen Verbrennungen. Der Mangel in der daraus folgenden Scheu.

Dieser Zusammenhang ist ein entscheidendes Merkmal, das für die »inferiore Funktion« oder die persönlichen Schwachstellen gilt. Das, was fehlt, ist nicht einfach weg, sondern an anderer Stelle zuviel und ungenutzterweise vorhanden. Im Märchen eben in Gestalt des Fuchses, in dem das fehlende Feuer der Menschen ein veräußertes und abgespaltenes Schattendasein führt.

Die beiden älteren Königssöhne können mit dem Fuchs, mit der eigenen Schwäche und mit ihrer schattenhaften Stärke nichts anfangen. Ihre Scheu ist zu groß und ihre Schwäche sowie ihre unbekannte Intuition bedeuten ihnen nur eine Albernheit. Es mag typische Zwillings-Neugier sein, daß der dritte Bruder nicht auch zur Flinte greift, sondern dem Fuchs erst einmal zuhört. Jedoch steckt noch mehr dahinter. Der jüngste Königssohn hat in der Nacht unter dem Apfelbaum erfahren, daß das Feuer wertvoll und nützlich ist. Er hat den *goldenen* Vogel (Feuervogel) gesehen. Er »ließ den Schlaf nicht Herr werden«, d.h. er hat demgegenüber seine Selbstbehauptung ausprobiert und Erfolg gehabt. Und er konnte am anderen Morgen dem König erzählen, »was er in der Nacht gesehen hatte«. In der Nacht zu sehen, macht aber allein das Feuer möglich. Auch der Mondschein ist insofern nur Spiegel der Sonne.

Weil der Fuchs als verdrängte oder unbekannte Sonne überhaupt einen Widerhall beim dritten Königssohn erfährt, stellt er sich diesem sofort zur Verfügung. Die große Treue des Fuchses zeigt nicht nur die Vorbehaltlosigkeit (die zum Feuer unvermeidlich dazugehört und womöglich Ursache jener »Verbrennungen« ist). Sie entspringt dem Eigeninteresse des Fuchses, der nur einen Wunsch hat: Sein Leben als Fuchs zu beenden. Er will nicht mehr im oder am Walde (= Nacht, Schatten, Unbewußtes) wohnen. Was es für ihn heißt, den Zauberbann zu brechen, zeigt sich an den Aufgaben im Verlaufe des Märchens: Ein ganzer Berg des Bestehenden muß abgetragen werden, denn Körper, Geist und Seele sollen »Farbe« bekommen, indem sie ernstgenommen, abgeholt und in ihrem Goldglanz entdeckt werden.

Unbedingtes Denken – bedingtes Leben

Der Weg des Königssohnes besteht darin, daß er Stück für Stück einen Schritt weiter hinter die Kulissen geführt wird. Hinter jeder Aufgabe stellt sich ihm ein noch größeres Problem, bis er den »Berg« von Schwierigkeiten im ganzen Ausmaße erreicht hat. Die dreimalige Verurteilung zum Tode gleicht einer rituellen Einweihung mit anschließender »Wiedergeburt« unter Auflagen. Die Bedingungen, die für sein Weiterleben aufgestellt werden, bringen zwei neue Komponenten in das Leben des Jünglings: Die Endlichkeit und die Zielgerichtetheit.

In seinem Denken kann er absolut, unendlich und nach allen Richtungen zugleich vorgehen. Er *muß* sogar so vorgehen, wenn er das Denken konsequent betreibt. Jede Qualität oder Funktionsweise führt jedoch bei konsequenter Anwendung über sich hinaus. Das gilt auch für das Denken und für das Zählen. An den Grenzen des Denkens stehen u. a. die Fragen: »Was will ich wirklich?« Und »Wie nutze ich die Möglichkeiten und den ZeitRaum, die mir mit diesem Leben gegeben sind?«

Das Denken kann erst richtig zu seinem Recht der Unbedingtheit gelangen, wenn der oder die Denkende sich seiner/ihrer eigenen Bedingtheit gewiß ist. Diese zu akzeptieren, fällt dem Königssohn schwer. Er »seufzte aber und war traurig«, geht weiter »mit schwerem Herzen«. Am Berg »fiel er in große Traurigkeit und gab alle Hoffnung auf«.

»Die Mitte der Nacht ist der Anbruch des Tages«

Die große Trauer und die Preisgabe der Hoffnung ist die Wende des Entwicklungsweges in diesem Märchen. Trauer und Aufgabe der Hoffnung stellen etwas wie einen Offenbarungseid dar. Diesen leistet der junge Mann, als er »nach sieben Tagen sah, wie wenig er ausgerichtet hatte«. Diese Offenbarung bedeutet seine eigentliche Wiedergeburt. »Das Beste hast du zwar«, sagt der Fuchs und äußert damit Anerkennung, aber auch die Ermahnung, nun im Handeln konsequent zu werden.

Der Offenbarungseid ist – trotz aller Schmerzen der Trauer – das größte Geschenk, das der Königssohn sich selber machen kann: Die Hingabe an das, was er *ist*. Die Hingabe an sich selbst macht den Königssohn auch bereit zu Hingabe und Liebe nach außen. Er lebt nun mit der Königstochter und holt mir ihr gemeinsam das Pferd (Körperkraft, Sexualkraft) und den Vogel (Freiheit und Ekstase) ab. Weil er nun *Feuer in sich* hat und damit auch lebt, ist der Fuchs ab diesem Zeitpunkt tatsächlich überflüssig.

Der Jüngling hat eine der Bedingungen, unter denen ihm zuvor das Leben wiedergegeben wurde, beherzigt: Die Zielgerichtetheit, mit seinem Handeln aus freien Stücken etwas bewirken zu *wollen*, hat er durch die Aktionen, mit denen er Pferd und Vogel gewinnt, bewiesen. Jetzt fehlt nur noch die zweite Bedingung: Die Endlichkeit. – Anstatt den Fuchs zu erlegen, hält es der Jüngling nun auf einmal mit seinen Brüdern. »Das ist ein wunderliches Tier, das seltsame Grillen hat!« denkt er jetzt zum ersten Male. Er weiß noch nicht, daß er etwas opfern muß, um sein Glück zu machen.

Der Junge muß diesmal seine Schwäche opfern. Erst noch hat er gelernt, seine Schwäche anzunehmen, bis zur tiefsten Nacht, dem Offenbarungseid. Aber weil dies geschehen ist, hat sich das Blatt gewendet. Es fehlt nun der *Abschied* von seiner Schwäche, die Beendigung der abgesonderten Existenz des Feuerfuchses. Daß ihm dieser Abschied so schwer wird, liegt nicht am Mitleid mit dem Fuchs.

Seine eigene Schwäche hatte ihm ja genutzt! Seine »Schwäche für das Beste«, hatte sie sich nicht, trotz des Schiffbruches »am Berg«, auch bewährt? Diese Fragen sind zu bejahen. Aber »Endlichkeit« heißt nicht, mit dem ständigen Gedanken ans Sterben durch das Leben zu laufen, wohl aber im Bewußtsein davon, daß alles seine *Zeit* hat. Was dem Königssohn früher geholfen hat, das hilft ihm *jetzt* nicht mehr weiter.

Er muß sich von altbekannten Gewohnheiten trennen, und diese alten Bekannten sind seine Brüder genauso wie der Fuchs.

Er muß seinen Instinkt auf eine bewußte menschliche Weise bei sich aufnehmen und die unentschiedene Ambivalenz, die seine Brüder verkörpern, beenden. Den Fuchs, die alte unpersönliche Intuition muß er gezielt aufgeben. Warum? Der alte Fuchs war ein bequemer Helfer, der aber mit der »Schwäche für das Beste« auch einen Größenwahn, einen Absolutheitsanspruch bei dem Jungen unterstützte. Stets das Beste zu verlangen,

war *auch* ein Spleen, ein »goldener *Vogel*« des Königssohns gewesen. Dieser begreift, als er rücklings im tie-
fen Brunnen liegt und mit dem Bettler tauscht, daß die
Zeit dieser Manie abgelaufen ist. Er kann und muß nun
auf eine selbstbewußte Art mit Instinkt und Intuition
umgehen, indem er das »Schattendasein« des Fuchses
(d. h. des Feuers und der Sonne) beendet.

Wenn bei den Zwillingen in uns allen irgend etwas
zuerst »unter den Tisch« fällt, so ist es das Feuer und
damit u. a. die instinkthafte Intuition. »Körper, Geist
und Seele« vereinigt Merkur, der Planet der Zwillinge.
Der *Wille* fehlt erst einmal. Er führt ein Randdasein wie
ein Fuchs am Walde. Und das Fehlende wird kompen-
siert – z. B. dadurch, daß man sich einen »goldenen Vogel« zulegt.

Schneller als der Schatten

Symbolkunde für denkfreudige Zwillinge

Der Begriff des »Schatten« wird in der psychologischen und symbolkundlichen Literatur in einer Reihe unterschiedlicher Bedeutungen gebraucht. Nach C.G. Jung geht es beim Schatten vor allem um die wenig oder gar nicht bekannten Seiten der vier Elemente in einer Person. Der Fuchs im Märchen vom goldenen Vogel ist demnach die wichtigste Schattenseite des Helden. Doch auch seine nichtsnutzigen, aber selbstbewußten Brüder sind Teil des Schattenreichs des Jünglings.

Erst einmal ist in dem Märchen der Schatten schneller als der Hauptakteur. Die Brüder geben den Ton und der Fuchs die Richtung an. Im Laufe der Geschichte nimmt der Jüngling die Schattenseiten in sein eigenes Verhalten mit auf: Er erfährt *seine* Nichtsnutzigkeit am Berg. Er erlernt Selbstbewußtsein durch den Gewinn der Königstochter und von Pferd und Vogel. Und nachdem er im Brunnen und als Bettler noch einmal herabgesetzt wurde, überwindet er endlich seine Scheu vor dem Feuer. Jetzt ist er schneller als der Schatten: Die alten Gewohnheiten in Gestalt der Brüder werden abgelegt; und die gesuchte vergoldende Kraft des Fuchses wird aus dem Schatten in eine menschliche Daseinsweise gehoben. Der vormalige Schattenbereich des Jünglings ist nun gleichsam leer – er ist durch Zurückweisung (der Brüder) und durch Annahme (des Fuchses) erledigt.

Der Märchenheld hat damit seinen Schatten »integriert«. Und diese Integration wird – in Anschluß an C.G. Jung – in der Literatur vielfach empfohlen. Dabei ist allerdings zu beachten, daß im vorliegenden Märchentext (und auch bei C.G. Jung) »*Integration der Schattenseiten*« nicht nur eine Annahme zuvor verdrängter oder unbekannter Seiten der eigenen Person verlangt. Die *Auseinandersetzung* mit dem Schatten, die *Unterscheidung* verschiedener Schattenanteile und die *Entscheidung* zwischen Zurückweisung oder Annahme gehören auf jeden Fall dazu.

Zwickmühle der Zwillinge

Die hartnäckigsten Schattenseiten lassen sich nicht im Alleingang erkennen und annehmen oder überwinden. Sie stellen blinde Flecken dar, die erst in einer weitgehenden Auseinandersetzung mit (einer) anderen Person(en) deutlich werden. Im Märchen sind die Verbindungen des Helden mit der Königstochter und seine neue Beziehung zum Vater Voraussetzungen für die Lösung des Schattens. – Das Märchen von Hase und Igel handelt u. a. ebenfalls von der Auflösung eines Schattenbereichs: Der Mythos der Unbesiegbarkeit (des Hasen) und der eigenen Schwäche (der Igel) wird zerstört – auch hier durch die Verbindung von *zwei* Wesen, die sich im übrigen ebenbürtig sind, wie die Schlußsätze dieses Märchens mit Nachdruck ausführen.

Nun bringt das Schattenthema die Zwillinge aber in eine Zwickmühle. Kein anderes Zeichen reicht so schnell und so vielseitig in Schattenbereiche hinein. Das große Tempo und die Universalität der

Gedanken führt die Zwillinge dorthin. Und ein weiterer Punkt kommt entscheidend hinzu: Kein anderes Zeichen ist für die Auseinandersetzung mit den Schatten so gut gerüstet wie die Zwillinge mit ihrem großen Schwerter-Vorrat. Das ist soweit die gute Nachricht. Der Pferdefuß an der Auseinandersetzung mit den Schattenseiten liegt für die Zwillinge darin, daß dabei auch sie »über ihren Schatten springen« müssen.

Der »weibliche« Zwillingstyp, der gewohnt ist, vorwiegend über den Austausch mit anderen sich selbst zu definieren, wird nun zusätzlich auf die »Individuation«, auf die Selbstwerdung verwiesen, die individuell innnerhalb der/des Einzelnen vonstatten geht. Der »männliche« Zwillings-Typ kennt die Auseinandersetzung innerhalb der eigenen Person gut. Er wird nun zusätzlich auf Hingabe und Verantwortung, auf Gemeinschaftsgeist, Familienbindung und auf Gruppenbildung hingewiesen, weil nur so ab der Schattengrenze ein weiteres Fortkommen gegeben ist.

Fortdauerndes Erwachen

Drei Zeichen (die astrologisch über die Schicksalslinie miteinander verbunden sind) handeln besonders vom Schatten. Der *Skorpion* möchte das Schwarze und das Hintergründige noch vertiefen, weil es ihm Macht verleiht. Derr *Steinbock* steht dafür ein, daß es sich mit den undurchsichtigen und dunklen Seiten der Welt durchaus leben läßt. Er entwickelt eine Moral für den Umgang, ja sogar für die Nutzung der unvermeidlichen Schattenseiten.

Den Zwillingen aber ist es in die Hand gegeben, mit

den Waffen des Geistes – in ihrem Reich – den Schatten aufzuheben. Der »goldene Vogel« im Märchen ist ein »unbekanntes Flugobjekt«, das auf der geistig-gedanklichen Ebene einen Reflex des verdrängten oder unbekannten Feuers darstellt. Der Märchenheld gewinnt den Vogel – und mit ihm Pferd und Prinzessin – und kann ihn zu sich nach Hause bringen. Er erfaßt damit, was vorher unerreichbar in den Lüften schwebte. Das Unfaßbare wird heimgeholt.

In dem Moment, wo er seinen »Vogel« *begreift*, kann er auf einen verselbständigten, selbstlosen Fuchs-Instinkt verzichten und die alten Brüder verabschieden. Das Feuer, die Begeisterung in seinem Leben hebt er damit auf eine neue Stufe.

Wann immer die Zwillinge ihre Gedanken in ihrer persönlichen Bedeutung begreifen, lösen sie vormalige Schattenbereiche auf. Immer wieder schlüpfen sie wie Schmetterlinge aus den Kokon, müssen sich selber erst einmal an die ungewohnte Helligkeit und an die zuvor unvorstellbaren Bewegungsmöglichkeiten gewöhnen.

Darin liegt ihre realistische Verheißung und ihre anspruchsvolle Aufgabe: Immer wieder neu und anders wach zu werden, Herrscher/in im eigenen (Himmel-)Reich zu sein, neugierig auf die Königin oder den König von nebenan zu bleiben und die persönliche Logik immer besser durchdringen und wahrzumachen.

Anmerkungen

S. 7: Susanne Zühlke: Denn wenn man was liebt; in: Brigitte Heidebrecht (Hrsg.): Laufen lernen. Bonn 1982, S. 28

S. 41: Zur Auslage »Hexentarot« vgl. Luisa Francia: Hexentarot. 4. Aufl. Zürich o. J., S. 21

S. 43: Die vorliegende Zuordnung der Tarot-Karten zu Tierkreiszeichen und Planeten geht auf den Golden-Dawn-Orden (Orden der Goldenen Dämmerung) zurück. Dieser war eine Rosenkreuzer-Vereinigung in England. 1888 gegründet, zerfiel er bald nach 1900 wieder. Seine Bedeutung besteht v. a. darin, daß der Orden ein Erbe der reichhaltigen esoterischen Theoriebildungen des 19. Jahrhunderts war, die er seinerseits zusammenzufassen suchte. Die Tarot-Karten spielten dabei eine Rolle unter vielem anderen. Die heute gängigsten Tarot-Karten (Rider Waite Tarot und Crowley Thoth Tarot, ohne welche die Tarot-Welle der letzten 10 bis 20 Jahre nicht vorstellbar ist) gehen auf Urheber/innen zurück, die zuvor einmal Mitglied im Golden-Dawn-Orden gewesen sind: Pamela Colman Smith und Arthur E. Waite sowie Lady Frieda Harris und Aleister Crowley.

Bei der Konzeption ihrer Karten folgten beide Produzentenpaare – mit geringen Unterschieden – in der Zuordnung zur Astrologie dem Golden-Dawn-Muster, das auch in diesem Buch wiedergegeben ist. Deshalb finden sich die hier genannten Zuordnungen im Rider-Tarot oftmals im Kartenbild wieder (z. B. Widder-Zeichen auf der Karte »IV-Der Herrscher« und Stier-Köpfe im Bild des »Münz-König«), und auf den Crowley-Karten sind diese selben Zuordnungen fast sämtlich als Zeichen angegeben.

Literatur dazu: Robert Wang: Der Tarot des Golden

Dawn. Sauerlach 1985. – Israel Regardie: Das magische System des Golden Dawn. 3 Bde. Freiburg 1987. – Evelin Bürger & Johannes Fiebig: Tarot – Spiegel Deiner Möglichkeiten. 6. Aufl. Trier 1989, S. 111.

Neben der vorliegenden gibt es mehr als ein halbes Dutzend weitere Arten der Zuordnung, die in der Literatur vorgeschlagen werden. Diese sind jedoch nicht empfehlenswert, meist schon aus formalen Gründen, weil jeweils nur einem Teil der insgesamt 78 Tarot-Karten astrologische Werte beigegeben wurden. Inhaltliche Probleme entstehen daraus, daß die Tarot-Karten hauptsächlich zur Erläuterung von astrologischen oder sonstigen archetypischen Prinzipien benutzt werden und somit ihr Eigenleben verlieren. Das gilt auch für das Buch zu den im übrigen schönen Tarot-Karten von Mertz/Struck: B. A. Mertz und Paul Struck: Astrologie und Tarot. Interlaken 1981. – Eine Übersicht über verschiedene Zuordnungsweisen finden Sie in: Stuart R. Kaplan, The Encyclopedia of Tarot. Bd. 1. New York 1978, S. 4 f.

S. 56: Zum Umgang mit den Tarot-Karten und zur selbständigen Deutungsarbeit, welche vorgefertigte Bilderklärungen verarbeitet und in sich aufhebt, vgl. Johannes Fiebig: Tarot – Andere Wege im Alltag. 2. Aufl. Bonn 1988, S. 30–39.

S. 57: Zen-Spruch zit. n. Ulli Olvedi: Wir sind alle ganz normale Mystiker. München 1984, S. 29

S. 68: Manfred Czierwitzki: Positives Denken gezielt einsetzen und sein Leben verändern. Mit einem Vorwort von Erhard F. Freitag. Landsberg am Lech 1987, S. 17

S. 84: Wilhelm Unger: »Wofür ist das ein Zeichen?« Auswahl aus den Werken. Hrsg. v. Meret Meyer. Köln 1984, S. 300

S. 88: Milan Kundera: Die unerträgliche Leichtigkeit des Seins. Frankfurt a. M. 1987

S. 97: J. W. v. Goethe: Vermächtnis; in: Wilhelm Scholz (Hrsg.): Das Deutsche Gedicht. Stuttgart 1954, S. 102 f.

S. 103: Jörg Zink: Die Mitte der Nacht ist der Anfang des Tages. Bilder und Gedanken zu den Grenzen unseres Lebens. Stuttgart 11. Aufl. 1986

S. 104: Friedrich Schiller: Briefe über die ästhetische Erziehung des Menschen. Bad Heilbronn 1960

S. 106: Ingrid Riedel: Hans mein Igel. Wie ein abgelehntes Kind sein Glück findet. Zürich 1984

S. 116: Abgeleitet von der Schwerter-Symbolik des Tarot, aber auch aus ihrer gesamten Charakteristik, die sie oftmals wie Flöhe wirken läßt, paßt zu den Zwillingen eine *Politik der Nadelstiche*. Die Gestalt des *Schneiders* im Märchen erzählt daher – auch – vom Wesen der Zwillinge. Dies umso mehr, als jede Arbeit an der »Fassade« eines Menschen (eben Schneider, auch Friseur, Maskenbildnerin, Fotografin usw.) die Zwillings-Themen der Identifizierung und der Selbstdarstellung betrifft.

Die verschiedenen Schneider-Märchen der Brüder Grimm seien daher ebenfalls zur Lektüre empfohlen. Vgl. (allerdings ohne ausdrücklichen Zwillings-Bezug) auch: Lutz Müller: Das tapfere Schneiderlein. List als Lebenskunst. Zürich 1987

S. 126: Marie-Luise von Franz: Zur Methode der Jungschen Märchendeutung; in: Frederik Hetmann: Traumgesicht und Zauberspur. Frankfurt a.M. 1982, S. 66 ff.

Literaturhinweise

Astrologie

Dethlefsen, Thorwald: Schicksal als Chance. Das Urwissen zur Vollkommenheit des Menschen. München 1979

Döbereiner, Wolfgang: Astrologisches Lehr- und Übungsbuch: Münchner Rhythmenlehre. 6 Bände. München 1984 ff.

ders.: Heyne Tierkreis-Bücher. 12 Bände von Widder bis Fische. München 1974

Greene, Liz: Schicksal und Astrologie. Die Familie im Spiegel des Horoskops. München 1985

Haage, Bernhard D. (Hrsg.): Sternzeichen aus einem alten Schicksalsbuch – Zwillinge. Mit einer Einleitung von Christiane von Wiese. Frankfurt a. M. 1982

Huber, Louise: Die Tierkreiszeichen. Reflexionen, Meditationen. 2. Aufl. Zürich 1983

Karrer, Iso: Tierkreis und Jahreslauf. Astrologie in Mythos und Volksbrauch. Basel 1985

Meyer, Hermann: Astrologie und Psychologie. Eine neue Synthese. München 1981, Reinbek 1986

Orban, Peter: Astrologie als Therapie. Auf der Suche nach der Lüge. Ein Selbsterfahrungsbuch. München 1986

Riemann, Fritz: Lebenshilfe Astrologie. Gedanken und Erfahrungen. München 1977

Sakoian, Frances, und Louis S. Acker: Das große Lehrbuch der Astrologie. München 1984

Sterneder, Hans: Tierkreisgeheimnis und Menschenleben. 2. Aufl. Freiburg 1985

Sun Bear und Wabun: Das Medizinrad. Eine Astrologie der Erde. 6. Aufl. München 1984

Weiss, Jean-Claude: Astrologie – Eine Wissenschaft von Raum und Zeit. Wettswil 1987

Anonymus d'Outre-Tombe: Die großen Arkana des Tarot. Ausgabe A in 4 Bd., Freiburg 1983. – Eine Auswahl aus dem Gesamtwerk bietet das Taschenbuch: (ders.:) Schlüssel zum Geheimnis der Welt. Meditationsübungen zum Tarot. Hrsg. v. Gertrude Sartory. Freiburg 1987

Bürger, Evelin, und Johannes Fiebig: Tarot – Spiegel Deiner Möglichkeiten. 6. Aufl. Trier 1989

Crowley, Aleister: Das Buch Thoth (Ägyptischer Tarot). Waakirchen 1981

Deutsches Spielkarten-Museum: Tarot – Tarock – Tarocchi. Tarocke mit italienischen Farben. Bearbeitet von Detlef Hoffmann und Margot Dietrich. Leinfelden-Echterdingen 1988

– dass.: Tarot – Art. Zeitgenössische Künstler gestalten das alte Tarock. Bearbeitet von Detlef Hoffmann und Margot Dietrich. Leinfelden-Echterdingen 1989 (Beide Ausstellungskataloge sind erhältlich beim Deutschen Spielkarten-Museum, Schönbuchstraße 32, D-7022 Leinfelden-Echterdingen)

Fiebig, Johannes: Tarot – Andere Wege im Alltag. 2. Aufl. Bonn 1988

Francia, Luisa: Hexentarot. Traktat gegen Macht und Ohnmacht. 4., erw. Aufl., Zürich o. J.

Kaplan, Stuart R.: The Encyclopedia of Tarot. 2 Bde. New York 1978 und 1986

Leuenberger, Hans-Dieter: Schule des Tarot – Band 3. Das Spiel des Lebens. Freiburg 1984

Nichols, Sallie: Die Psychologie des Tarot. Interlaken 1984

Pollack, Rachel: Tarot. 78 Stufen der Weisheit. München 1985

Waite, A. E.: Der Bilderschlüssel zum Tarot. Waakirchen 1978

Ziegler, Gerd (Bodhigyan): Tarot. Spiegel der Seele. Sauerlach 1984

Adler, Alfred: Lebenskenntnis. Frankfurt a. M. 1978

Aeppli, Ernst: Der Traum und seine Deutung. München 1984

Doucet, Friedrich W.: Traum und Traumdeutung. München 1973

Freud, Sigmund: »Selbstdarstellung«. Frankfurt a. M. 1971

ders.: Die Traumdeutung. Frankfurt a. M. 1972

Hark, Helmut, Verena Kast, Ingrid Riedel (Hrsg.): *Reihe* Träume als Wegweiser (Traumbild Baum, Traumbild Fuchs usw.) Olten und Freiburg 1986 ff.

Harnisch, Günter: Das große Traum-Lexikon. Freiburg 1989

Jacobi, Jolande: Die Psychologie von C. G. Jung. Eine Einführung in das Gesamtwerk, mit einem Geleitwort von C. G. Jung. Frankfurt a. M. 1978

Jung, C. G.: Bewußtes und Unbewußtes. Frankfurt a. M. 1957

Mann, Thomas: Freud und die Zukunft; in: Sigmund Freud: Abriß der Psychoanalyse. Das Unbehagen in der Kultur. Frankfurt a. M. 1970

Vollmar, Klausbernd: Dream Power. Ein Handbuch für Träumer. Berlin 1988

Märchen/Märchendeutung

Drewermann, Eugen, und Ingrit Neuhaus: *Reihe* Grimms Märchen tiefenpsychologisch gedeutet. Olten und Freiburg 1982 ff.

Fiebig, Johannes: Märchen heute – was sie uns bedeuten. Planungsmaterial für den Deutschunterricht (in der Reihe: Deutsch – betrifft uns, hrsg. v. Guido Ossemann). Aachen 1985

Grimm, Brüder Jacob und Wilhelm: Kinder- und Hausmärchen. Urfassung 1812/1814. Mit einem Nachwort von Peter Dettmering. Lindau o. J.

dies.: Kinder- und Hausmärchen: Jubiläumsausgabe zum 200. Geburtstag 1985/6: Ausgabe letzter Hand mit den Originalanmerkungen der Brüder Grimm, hrsg. v. Heinz Rölleke. Stuttgart 1984

Heidebrecht, Brigitte (Hrsg.): Dornröschen nimmt die Heckenschere. Märchenhaftes von 30 Autorinnen. Bonn 1985

Hetmann, Frederik: Traumgesicht und Zauberspur. Märchenforschung – Märchenkunde – Märchendiskussion. Frankfurt a. M. 1982

Konrad, Johann Friedrich: Hexen-Memoiren. Märchen entwirrt und neu erzählt. Frankfurt a. M. 1981

Seifert, Theodor (Hrsg.): *Reihe* Weisheit im Märchen. Zürich 1984 ff

Wittmann, Ulla: Ich Narr vergaß die Zauberdinge. Märchen als Lebenshilfe für Erwachsene. Interlaken 1985

Verschiedenes zur Symbolkunde

Bächtold-Stäubli, Hanns, und Eduard Hoffmann-Krayer (Hrsg.): Handwörterbuch des deutschen Aberglaubens. 10 Bände. Berlin 1927–42

Diederichs, Ulf (Hrsg.): Erfahrungen mit dem I-Ging. Vom kreativen Umgang mit dem Buch der Wandlungen. Köln 1984

Feldenkrais, Moshé: Die Entdeckung des Selbstverständlichen, Frankfurt a. M. 1985

Fromm, Erich: Märchen, Mythen, Träume. Eine Einführung in das Verständnis einer vergessenen Sprache. Reinbek 1981

Herder-Lexikon: Symbole. Freiburg 1978

Kellerer, Christian: Der Sprung ins Leere. Objet trouvé – Surrealismus – Zen. Köln 1982

Lang, Hermann: Die Sprache und das Unbewußte. Jacques

Lacans Grundlegung der Psychoanalyse. Frankfurt a. M.
1986

***: Laßt euch vom Geist bewegen. Enzyklika über den Heiligen Geist von Papst Johannes Paul II. Mit einem Kommentar von Hans Urs von Balthasar. Freiburg 1986

Miers, Horst E.: Lexikon des Geheimwissens. München
1986

Reinisch, Leonhard (Hrsg.): Grenzen der Erkenntnis. Freiburg 1969

Rosenberg, Alfons: Einführung in das Symbolverständnis.
Freiburg 1959

Ruck-Pauquèt, Gina: Geschichten für das Zwillinge-Kind.
Bayreuth 1983

Unger, Wilhelm: »Wofür ist das ein Zeichen?« Auswahl aus veröffentlichten und unveröffentlichten Werken des Kritikers und Autors, mit einem Vorwort von Alfred Neven DuMont, hrsg. v. Meret Meyer, Köln 1984

Wittlich, Bernhard: Symbole und Zeichen. 2. Aufl. Bonn
1982

Zahrnt, Heinz: Gotteswende. München 1989

Ausführliche Inhaltsübersicht

Wie ein Schmetterling mit Lichtgeschwindigkeit

Traumdeutung für spontane Zwillings-Naturen

»Die Mitte der Nacht ist der Anbruch des Tages«

Märchen für lebenslustige Zwillings-Typen

Schneller als der Schatten

Weitere Veröffentlichungen von Johannes Fiebig

Evelin Bürger & Johannes Fiebig:
Tarot – Spiegel Deiner Möglichkeiten
Bonn 1984, 6. Auflage Trier 1989
Verlag Kleine Schritte. ISBN 3-923261-05-5.
128 Seiten. Zahlr. Abbildungen

Eines der erfolgreichsten deutschsprachigen Tarot-Bücher.
»...ein wichtiges, bedeutsames und interessantes Buch« (Stuart
R. Kaplan, U.S. Games Systems, Herausgeber von Tarot-Karten)

Johannes Fiebig:
Tarot – Andere Wege im Alltag
Bonn 1987; 2. Auflage 1988
Verlag Kleine Schritte. ISBN 3-923261-10-1.
128 Seiten. Zahlr. Abbildungen

»Fiebig, erfahrener Tarot-Anhänger, schlägt ein neues Kapitel im
Tarot-Kartenlegen auf. Während die üblichen Handbücher mehr
dem traditionellen Muster verhaftet sind, baut er auf selbständige Orientierung: Man legt sich selbst die Karten, gibt sich eigene Spielregeln und geht auf Spurensuche. Somit werden die
Karten zum Spiegel der eigenen Geistesverfassung auf der Symbolebene. Um hierbei nicht den Faden zu verlieren, bedarf es der
Schulung der Assoziationskraft, des Deutungs- und Interpreta-
tionsvermögens und des Auswertungstrainings. Dies alles, di-
daktisch sehr einleuchtend (...), bietet Fiebig, so daß man sein
Taschenbuch als Grundlagenwerk für fortgeschrittene Tarot-
Fans (...) empfehlen kann.«
(Uwe-F. Obsen, ekz-Informationsdienst 6/88)

Johannes Fiebig:
Märchen heute – was sie uns bedeuten
Aachen 1985 ff.
Verlag Bergmoser + Höller. ISBN 0178-0417.
40 Seiten Loseblatt DIN A4

In der Reihe »Deutsch – betrifft uns. Planungsmaterial für den
Deutschunterricht«, hrsg. v. Guido Ossemann, Heft 2/85.

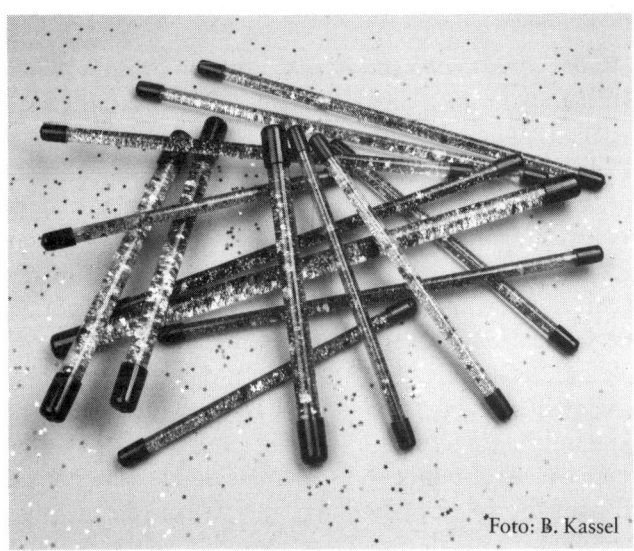

Entdecken Sie die Bedeutungen
weiterer Tierkreiszeichen

Widder und *Löwe* sollten Zwillinge unbedingt näher studieren, um von deren Feuer und Willenskraft etwas zu übernehmen. Wenn es um den Kern des persönlichen Willens geht, welchen die Zwillinge nicht selten »vergessen«, dann ist die Auseinandersetzung mit dem Widder für die Zwillinge besonders lohnend. – Wenn Zwillinge stur darauf beharren oder davor zurückschrecken, sich festzulegen, dann sind sie nahe am Stier, der ihnen im Tierkreis vorausgeht. Für ein gesundes Verhältnis zu Rätseln und zu Selbstzweifeln brauchen die Zwillinge ebenfalls eine gute Portion Stier. Das Tierkreiszeichen *Krebs* ist etwas für mutige und für sehnsuchtsvolle Zwillinge. Der *Löwe* kann eine ideale Ergänzung für die Zwillinge sein, wenn die richtige Spannung und der nötige Abstand gegeben ist. Die *Jungfrau* müssen die Zwillinge unbedingt näher und intensiver kennenlernen. Zusammen mit den *Fischen* handelt die Jungfrau von den Stärken und den Schwächen der Zwillinge. Jungfrau und Fische sind für die Zwillinge unentbehrlich.

Die *Waage* ermöglicht den Zwillingen eine Art Heimspiel. Eine stabilisierende, oft beiderseits beflügelnde Vertrautheit ist Frucht einer Zwillings-Begegnung mit der Waage. Der *Skorpion* ist eine faszinierende Verlockung für die Zwillinge. Sie wissen vielleicht nicht, ob Anreiz oder Skepsis dem Skorpion gegenüber mehr angebracht sind. Sie sollten es genauer herausfinden. Der *Schütze* ist das Gegenüber der Zwillinge. Zwischen zwei gegenüberliegenden Zeichen im Tierkreis besteht eine besondere Spannung, ein Verhältnis von Gegensatz und Ergänzung, das sehr interessant ist. Der *Steinbock* ist eine echte Herausforderung für die Zwillinge. Vor allem er verkörpert für die Zwillinge das Unbekannte und den blinden Fleck in der Optik. Der *Wassermann* stellt das »Rückgrat« der Zwillinge dar, beim Wassermann finden sie Hilfe in vielen Lebenslagen. Die *Fische*, wie erwähnt, handeln von den Highlights, von großen Aufgaben und von langfristigen Perspektiven der Zwillinge.

All diese Symbolgestalten tragen Sie in sich. Entdekken Sie Ihre Möglichkeiten, damit Sie Ihren persönlichen Kurs bestimmen können.

Ihr KÖNIGSFURT VERLAG

Einladung zur Stellungnahme

Wenn Sie Interesse am Verlagsprogramm oder an Veranstaltungen in Astrologie, Tarot, Traumdeutung oder Märchen haben, schreiben Sie! Sie werden dann regelmäßig über Neuerscheinungen und aktuelle Veranstaltungen informiert und nehmen an der Verlosung von Buchpreisen teil.

Schreiben Sie von Ihren Erfahrungen mit dem vorliegenden Buch. Teilen Sie Ihre Kritik und Ihre Anregungen mit. Machen Sie Vorschläge für neue Veröffentlichungen. Ihre Meinung zählt.

Vielen Dank für Ihr Interesse und für Ihr Engagement.

KÖNIGSFURT VERLAG
Königsfurt 6
D-2371 Klein Königsförde
(Post Bredenbek)

Ein Kompendium der Symbolsprachen

Spannung, Unterhaltung und Besinnlichkeit bietet Ihnen die Buchreihe *Symbolsprachen* im neuen Königsfurt Verlag. Zum ersten Mal werden hier Märchen, Traumdeutung, Tarot und Astrologie im Zusammenhang miteinander dargestellt. Im Bereich Tarot finden Sie hier endlich eine *gemeinsame Interpretation* von Rider-, Crowley- und Marseiller Tarot.

Jeder Band 160 Seiten, zahlreiche Abbildungen, DM 14,80.